Das Erste Ukrainische Lesebuch

Olena Dniprova

Das Erste Ukrainische Lesebuch

Stufen A1 und A2

Zweisprachig mit Ukrainisch-deutscher Übersetzung

LANGUAGE
PRACTICE
PUBLISHING

Das Erste Ukrainische Lesebuch,
von Olena Dniprova

Audiodateien: www.lppbooks.com/Ukrainian/FURv1

Home page: www.audiolego.com

© 2022 Audiolego
5. edition, Previous edition 2022

Publisher label: Audiolego
ISBN Softcover: 978-3-347-74591-9
ISBN Hardback: 978-3-347-74592-6
ISBN E-Book: 978-3-347-74593-3
ISBN Large print: 978-3-347-74594-0
Printing and distribution on behalf ofof the author:
tredition GmbH, Halenreie 40-44, 22359 Hamburg, Germany

Зміст
Inhaltsverzeichnis

Anfänger Stufe 1A

Ukrainisches Alphabet

Druckschrift	Schreibschrift	Deutsche Aussprache
Аа	*Аа*	[a]
Бб	*Бб*	[b]
Вв	*Вв*	[w]
Гг	*Гг*	[g, gesprochen als gehauchtes h]
Ґґ	*Ґґ*	[g]
Дд	*Дg*	[d]
Ее	*Ее*	[ä]
Єє	*Єє*	[je]
Жж	*Жж*	[zh, wie Journalist]
Зз	*Зз*	[scharfes s, wie Suppe]
Ии	*Ии*	[y, hartes i]
Іі	*Іі*	[i]
Її	*Її*	[ji]
Йй	*Йй*	[j]
Кк	*Кк*	[k]
Лл	*Лл*	[l]
Мм	*Мм*	[m]
Нн	*Нн*	[n]
Оо	*Оо*	[o]

Пп	$\mathcal{P}n$	[p]
Рр	$\mathcal{P}p$	[r]
Сс	$\mathcal{C}c$	[s]
Тт	$\mathcal{T}m$	[t]
Уу	$\mathcal{Y}y$	[u]
Фф	$\mathcal{F}\varphi$	[f]
Хх	$\mathcal{X}x$	[ch]
Цц	$\mathcal{U}u$	[z]
Чч	$\mathcal{Y}r$	[tsch, wie in Tschechien]
Шш	$\mathcal{U}uu$	[sch, wie Schal]
Щщ	$\mathcal{U}uy$	[sch, wie Ski]
ь	b	[weiches Zeichen, wird nicht ausgesprochen]
Юю	$\mathcal{HO}ro$	[ju]
Яя	$\mathcal{Y}g$	[ja]

Wiedergabegeschwindigkeit der Audiodateien

Das Buch ist mit den Audiodateien ausgestattet. Mithilfe von QR-Codes kann man im Handumdrehen eine Audiodatei aufrufen, ohne Webadressen manuell eingeben. Öffnen Sie einfach ihre Kamera-App und halten ihr Smartphone über den gedruckten QR-Code. Ihr Smartphone erkennt was sich hinter dem Code verbirgt und bittet Sie dem eingescannten Audiodateilink zu folgen. Es ist empfehlenswert, den kostenlosen VLC-Mediaplayer zu verwenden, die Software, die zur Steuerung der Wiedergabegeschwindigkeit der Audiodateien verwendet werden kann.

У Ро́берта є соба́ка
Robert hat einen Hund

A

Слова́
Vokabeln

1. авторӳчка - der Stift; авторӳчки - die Stifte
2. бага́то - viel
3. вели́кий - groß
4. велосипе́д - das Fahrrad
5. ві́кна - die Fenster; вікно́ - das Fenster
6. він - er
7. вони́ - sie (Pl)
8. вӳлиця - die Straße; вӳлиці - die Straßen
9. га́рний - schön
10. готе́ль - das Hotel; готе́лі - die Hotels
11. записни́к, нота́тник - das Notizbuch; записники́, нота́тники - die Notizbücher
12. зеле́ний - grün
13. зі́рка - der Stern
14. його́ - sein, seine; його́ лі́жко - sein Bett
15. і, й, та / a - und

16. кімна́та - das Zimmer; кімна́ти - die Zimmer
17. кі́шка, ки́цька - die Katze
18. кни́га - das Buch
19. крамни́ця - der Laden; крамни́ці - die Läden
20. Крі́стіан - Kristian (Name)
21. лі́жка - die Betten; лі́жко - das Bett
22. ма́є - er/sie/es hat; Він ма́є кни́гу. - Er hat ein Buch.
23. мале́нький - klein
24. ма́ти - haben
25. мій (M), моя́ (F), моє́ (N), мої́ (Pl) - mein, meine, mein, meine
26. мрі́я - der Traum
27. не - nicht
28. ніс - die Nase
29. нови́й - neu
30. Оде́са - Odessa
31. оди́н - ein
32. о́ко - das Auge; о́чі - die Augen
33. парк - der Park; па́рки - die Parks
34. Па́ша - Pascha (Name)

35. Ро́берт - Robert (Name)
36. си́ній - blau
37. слова́ - die Wörter, die Vokabeln; сло́во - das Wort, die Vokabel
38. соба́ка - der Hund
39. стіл - der Tisch; столи́ - die Tische
40. студе́нт - der Student; студе́нти - die Studenten
41. теж, та́кож - auch
42. текст - der Text
43. ті - jene (Pl.)
44. той (M), та (F), те (N) - jener, jene, jenes
45. у ме́не - ich habe, у нас - wir haben, у те́бе / у вас - du hast / ihr habt, у Вас - Sie haben, у ньо́го - er / es hat, у не́ї - sie hat, у них - sie haben
46. цей (M), ця (F), це (N) - dieser, diese, dieses; ця кни́га - dieses Buch
47. ці - diese
48. чо́рний - schwarz
49. чоти́ри - vier
50. я - ich

B

У Ро́берта є соба́ка

1.Цей студе́нт ма́є кни́гу. 2.Він ма́є ру́чку та́кож.

3.Оде́са має бага́то ву́лиць і па́рків. 4.Ця ву́лиця ма́є нові́ готе́лі та

Robert hat einen Hund

1.Dieser Student hat ein Buch. 2.Er hat auch einen Stift.

3.Odessa hat viele Straßen und Parks. 4.Diese Straße hat neue Hotels und Läden.

крамни́ці. 5.Цей готе́ль ма́є чоти́ри зі́рки. 6. Цей готе́ль ма́є бага́то хоро́ших вели́ких кімна́т.

7.Та кімна́та ма́є бага́то ві́кон. 8.А ці кімна́ти не ма́ють бага́то ві́кон. 9.Ці кімна́ти ма́ють чоти́ри лі́жка. 10.А ті кімна́ти ма́ють одне́ лі́жко. 11.Та кімна́та не ма́є бага́то столі́в. 12. А ті кімна́ти ма́ють бага́то вели́ких столі́в.

13.Ця ву́лиця не ма́є готе́лів. 14.Та вели́ка крамни́ця не ма́є бага́то ві́кон.

15.Ці студе́нти ма́ють зо́шити. 16.Вони́ ма́ють ру́чки та́кож. 17.Ро́берт ма́є оди́н мале́нький чо́рний зо́шит. 18.Крі́стіан ма́є чоти́ри нові́ зеле́ні зо́шити.

19.Цей студе́нт ма́є велосипе́д. 20.Він ма́є нови́й си́ній велосипе́д. 21.Па́ша ма́є велосипе́д теж. 22.Він ма́є га́рний чо́рний велосипе́д.

23.У Крі́стіана є мрі́я. 24.У ме́не є мрі́я теж. 25.У ме́не нема́є соба́ки. 26.У ме́не є ки́цька. 27.У мо́єї ки́цьки га́рні зеле́ні о́чі. 28.У Ро́берта нема́є ки́цьки. 29.У ньо́го є соба́ка. 30.У його́ соба́ки мале́нький чо́рний ніс.

5.Dieses Hotel hat vier Sterne. 6.Dieses Hotel hat viele schöne, große Zimmer.

7.Jenes Zimmer hat viele Fenster. 8.Und diese Zimmer haben nicht viele Fenster. 9.Diese Zimmer haben vier Betten. 10.Und diese Zimmer haben ein Bett. 11.Jenes Zimmer hat nicht viele Tische. 12.Und diese Zimmer haben viele große Tische.

13.In dieser Straße sind keine Hotels. 14.Dieser große Laden hat nicht viele Fenster.

15.Diese Studenten haben Notizbücher. 16.Sie haben auch Stifte. 17.Robert hat ein kleines schwarzes Notizbuch. 18.Kristian hat vier neue grüne Notizbücher.

19.Dieser Student hat ein Fahrrad. 20.Er hat ein neues blaues Fahrrad. 21.Pascha hat auch ein Fahrrad. 22.Er hat ein schönes schwarzes Fahrrad.

23.Kristian hat einen Traum. 24.Ich habe auch einen Traum. 25.Ich habe keinen Hund. 26.Ich habe eine Katze. 27.Meine Katze hat schöne grüne Augen. 28.Robert hat keine Katze. 29.Er hat einen Hund. 30.Sein Hund hat eine kleine schwarze Nase.

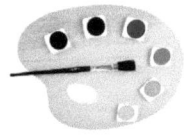

Вони́ живу́ть в Оде́сі

Sie wohnen in Odessa

A

Слова́

Vokabeln

1. брат - der Bruder
2. вели́кий - groß
3. вона́ - sie
4. голо́дний - hungrig
5. два - zwei
6. жить / жи́ти - leben, wohnen
7. з, від - aus

8. за́раз - jetzt, zurzeit, gerade
9. знахо́диться / знахо́дитися - ist, befindet sich; Крамни́ця знахо́диться по́ряд. - Der Laden ist nah.

10. знахо́дяться - sind, befinden sich; Крамни́ці знахо́дяться по́ряд. - Die Läden sind nah.
11. купува́ть / купува́ти - kaufen
12. Лю́ба - Luba (Name)
13. ма́ти / ма́тір - die Mutter
14. ми - wir
15. мі́сто - die Stadt
16. на - in, on, at
17. ні́мець - der Deutsche, ні́мка / німке́ня - die Deutsche
18. німе́цький - deutsche
19. Норве́гія - Norwegen
20. се́ндвіч - das Sandwich
21. сестра́ - die Schwester
22. супермаркет - der Supermarkt
23. ти / Ви / ви - du / Sie / ihr
24. у, в - in
25. Украї́на - die Ukraine
26. украї́нець (M) - Ukrainer
27. украї́нка (F) - Ukrainerin
28. украї́нський (Adj) - ukrainisch

B

Вони́ живу́ть в Оде́сі

1.Оде́са вели́ке мі́сто. 2. Оде́са знахо́диться в Украї́ні.

3.Це Ро́берт. 4.Ро́берт студе́нт. 5.Він знахо́диться за́раз в Оде́сі. 6.Ро́берт з Німе́ччини. 7.Він ні́мець. 8.Ро́берт ма́є ма́тір, ба́тька, бра́та й сестру́. 9.Вони́ живу́ть в Німе́ччині.

10.Це Крі́стіан. 11.Крі́стіан студе́нт теж. 12.Він з Норве́гії. 13.Він норве́жець. 14.Крі́стіан ма́є ма́тір, ба́тька й двох сесте́р. 15.Вони́ живу́ть в Норве́гії.

16.Ро́берт і Крі́стіан знахо́дяться за́раз у супермаркеті. 17.Вони́ голо́дні. 18.Вони́ купу́ють се́ндвічі.

Sie wohnen in Odessa

1.Odessa ist eine große Stadt. 2.Odessa ist in der Ukraine.

3.Das ist Robert. 4.Robert ist Student. 5.Er ist zurzeit in Odessa. 6.Robert kommt aus Deutschland. 7.Er ist Deutscher. 8.Robert hat eine Mutter, einen Vater, einen Bruder und eine Schwester. 9.Sie leben in Deutschland.

10.Das ist Kristian. 11.Kristian ist auch Student. 12.Er kommt aus Norwegen. 13.Er ist Norwege. 14.Kristian hat eine Mutter, einen Vater und zwei Schwestern. 15.Sie leben in Norwegen.

16.Robert und Kristian sind gerade im Supermarkt. 17.Sie haben Hunger. 18.Sie kaufen Sandwichs.

19.Це Люба. 20.Люба українка. 21.Люба живé в Одéсі теж. 22.Вонá не студéнтка.

23.Я студéнт. 24.Я з Німéччини. 25.Я зáраз у Одéсі. 26.Я не голóдний.

27.Ти студéнт. 28.Ти німець. 29.Ти зáраз не в Німéччині. 30.Ти в Украïні.

31.Ми студéнти. 32.Ми зáраз в Украïні.

33.Це велосипéд. 34.Велосипéд сúній. 35.Велосипéд не новúй.

36.Це собáка. 37.Собáка чóрний. 38.Собáка не велúкий.

39.Це крамнúці. 40.Крамнúці не велúкі. 41.Вонú малéнькі. 42.Та крамнúця мáє багáто вíкон. 43.Ті крамнúці мáють не багáто вíкон.

44.Та кúцька знахóдиться в кімнáті. 45.Ті кицькú знахóдяться не в кімнáті.

19.Das ist Luba. 20.Luba ist Ukrainerin. 21.Luba wohnt auch in Odessa. 22.Sie ist kein Student.

23.Ich bin Student. 24.Ich komme aus Deutschland. 25.Ich bin zurzeit in Odessa. 26.Ich habe keinen Hunger.

27.Du bist Student. 28.Du bist Deutsche. 29.Du bist zurzeit nicht in Deutschland. 30.Du bist in der Ukraine.

31.Wir sind Studenten. 32.Wir sind zurzeit in der Ukraine.

33.Dies ist ein Fahrrad. 34.Das Fahrrad ist blau. 35.Das Fahrrad ist nicht neu.

36.Dies ist ein Hund. 37.Der Hund ist schwarz. 38.Der Hund ist nicht groß.

39.Dies sind Läden. 40.Die Läden sind nicht groß. 41.Sie sind klein. 42.Dieser Laden hat viele Fenster. 43.Jene Läden haben nicht viele Fenster.

44.Die Katze ist im Zimmer. 45.Diese Katzen sind nicht im Zimmer.

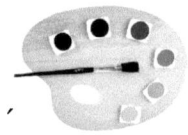

Die Audiodatei

Вони́ украї́нці?

Sind sie Ukrainer?

A

Слова́

Vokabeln

1. бі́ля - am, beim
2. Ви - Sie
3. всі, все - alle
4. де - wo
5. дім, буди́нок - das Haus
6. жі́нка - die Frau
7. ї́ - ihr; її кни́га - ihr Buch
8. ка́рта - die Karte
9. кафе́ - das Café
10. на - auf
11. наш - unser
12. ні - nein
13. нія́кий, жо́дний / жо́ден - nein
14. сіді-пле́єр - der CD-Spieler

15. скíльки - wieviel
16. старúй - alt
17. так - ja
18. тварúна - das Tier
19. ти / ви - du / ihr
20. українець (M), украї́нка (F) - Ukrainer / Ukrainerin, украї́нський (M) (Adj) -

ukrainische; українська мóва - ukrainische Sprache
21. хлóпець, пáрубок - der Junge
22. хлóпчик - der Junge
23. це, вонó - es
24. чоловíк - der Mann
25. як - wie

B

Воны́ украї́нці?

1

- Я хлóпець. Я в кімнáті.

- Ти украї́нець?

- Ні. Я нíмець.

- Ти студéнт?

- Так. Я студéнт.

2

- Це жíнка. Жíнка в кімнáті теж.

- Вонá німкéня?

- Ні. Вонá украї́нка.

- Вонá студéнтка?

- Ні. Вонá не студéнтка.

3

- Це чоловíк. Він за столóм.

- Він украї́нець?

- Так. Він украї́нець.

4

- Це студéнти. Воны́ в пáрку.

- Воны́ всі украї́нці?

- Ні. Це норвéжці, украї́нці та нíмці.

Sind sie Ukrainer?

1

- Ich bin ein Junge. Ich bin im Zimmer.

- Bist du Ukrainer?

- Nein. Ich bin Deutscher.

- Bist du Student?

- Ja, ich bin Student.

2

- Das ist eine Frau. Die Frau ist auch im Zimmer.

- Ist sie Deutsche?

- Nein. Sie ist Ukrainerin.

- Ist sie Studentin?

- Nein, sie ist nicht Studentin.

3

- Das ist ein Mensch. Er sitzt am Tisch.

- Ist er Ukrainer?

- Ja, er ist Ukrainer.

4

- Das sind Studenten. Sie sind im Park.

- Sind sie alle Ukrainer?

- Nein, sie sind nicht alle Ukrainer. Sie sind Deutsche, Ukrainer und Norwegen.

5

- Це стіл. Він вели́кий.
- Він нови́й?
- Так. Він нови́й.

6

- Це ки́цька. Вона́ в кімна́ті.
- Вона́ чо́рна?
- Так. Вона́ чо́рна й га́рна.

7

- Це велосипе́ди. Вони́ бі́ля до́му.
- Вони́ чо́рні?
- Так. Вони́ чо́рні.

8

- Ти ма́єш зо́шит?
- Так.
- Скі́льки зо́шитів ти ма́єш?
- Я ма́ю два зо́шити.

9

- Він ма́є ру́чку?
- Так.
- Скі́льки ру́чок він ма́є?
- Він ма́є одну́ ру́чку.

10

- Вона́ ма́є велосипе́д?
- Так.
- Її велосипе́д си́ній?
- Ні. Її велосипе́д не си́ній. Він зеле́ний.

11

- Ти ма́єш украї́нську кни́гу?
- Ні. Я не ма́ю украї́нської кни́ги. Я не ма́ю жо́дної кни́ги.

5

- Das ist ein Tisch. Er ist groß.
- Ist er neu?
- Ja, er ist neu.

6

- Das ist eine Katze. Sie ist im Zimmer.
- Ist sie schwarz?
- Ja, das ist sie. Sie ist schwarz und schön.

7

- Das sind Fahrräder. Sie stehen beim Haus.
- Sind sie schwarz?
- Ja, sie sind schwarz.

8

- Hast du ein Notizbuch?
- Ja.
- Wie viele Notizbücher hast du?
- Ich habe zwei Notizbücher.

9

- Hat er einen Stift?
- Ja.
- Wie viele Stifte hat er?
- Er hat einen Stift.

10

- Hat sie ein Fahrrad?
- Ja.
- Ist ihr Fahrrad blau?
- Nein, es ist nicht blau. Es ist grün.

11

- Hast du ein ukrainisches Buch?
- Nein, ich habe kein ukrainisches Buch. Ich habe keine Bücher.

12

- Вона́ має ки́цьку?

- Ні. У неї нема́є ки́цьки. Вона́ не має жо́дних твари́н.

13

- Ви ма́єте сіді-пле́єр?

- Ні, ми не ма́ємо. Ми не ма́ємо жо́дного сіді-пле́єра.

14

- Де на́ша ка́рта?

- На́ша ка́рта в кімна́ті.

- Вона́ на столі́?

- Так, вона́ на столі́.

15

- Де хло́пчики?

- Вони́ в кафе́.

- Де велосипе́ди?

- Вони́ біля кафе́.

- Де Крі́стіан?

- Він теж в кафе́.

12

- Hat sie eine Katze?

- Nein, sie hat keine Katze. Sie hat kein Tier.

13

- Habt ihr einen CD-Spieler?

- Nein. Wir haben keinen CD-Spieler.

14

- Wo ist unsere Karte?

- Unsere Karte ist im Zimmer.

- Liegt sie auf dem Tisch?

- Ja, sie liegt auf dem Tisch.

15

- Wo sind die Jungs?

- Sie sind im Café.

- Wo sind die Fahrräder?

- Sie stehen vor dem Café.

- Wo ist Kristian?

- Er ist auch im Café.

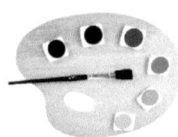

Die Audiodatei

Будь лáска, Ви мóжете допомогтú?

Können Sie mir bitte helfen?

A

Словá

Vokabeln

1. абó - oder
2. адрéса - die Adresse
3. алé - aber
4. банк - die Bank
5. брáти / брать, взя́ти /взять - nehmen
6. будь лáска - bitte
7. говорúти, казáти- sprechen
8. грáти / грáть - spielen
9. давáти / давáть - geben
10. для - für
11. до, в, на - zu; Я ідý в банк. - Ich gehe zur Bank.

12. допомо́га - die Hilfe; допомогти́ - helfen
13. дя́кувати - danken; Дя́кую вам. - Danke. Дя́кую. - Danke.
14. іти́ /йти / ходи́ти - gehen
15. і́хати / і́хать - fahren
16. мене́ - mir
17. мі́сце - der Platz, помі́ща́ти - legen
18. могти́, умі́ти - können; Я умі́ю / мо́жу чита́ти. - Ich kann lesen.
19. можли́во - wahrscheinlich, können; Я, можли́во, піду́ в банк. - Ich kann zur Bank gehen.
20. мо́жна - dürfen, können; Мо́жна Вам допомогти́? - Kann ich Ihnen helfen?
21. (на)писа́ти - schreiben
22. (на)учи́тися / (на)вчитися - lernen

23. не мо́жна (+ Dative) - nicht dürfen; Йому́ не мо́жна працюва́ти. - Er darf nicht arbeiten.
24. (по)кла́сти - legen
25. пови́нен, му́шу - müssen; Я пови́нен іти́. - Ich muss gehen.
26. робо́та - Arbeit; працюва́ти - arbeiten
27. свій - ersetzt alle Possessivpronomen (Singular und Plural), wenn das Subjekt im Satz der Besitzer des Objektes ist: Я використо́вую свій комп'ю́тер. - Ich benutze mein (eigener) Komputer.
28. сіда́ти - sich setzen; сиді́ти - sitzen
29. тре́ба / потрі́бно (+ Dative) - brauchen
30. учи́ти / вивча́ти - lernen
31. чита́ти / чита́ть - lesen

B

Будь ла́ска, Ви мо́жете допомогти́?

1

- Будь ла́ска, Ви мо́жете мені́ допомогти́?
- Так.
- Я не мо́жу написа́ти адре́су українською. Ви мо́жете написа́ти її для ме́не?

Können Sie mir bitte helfen?

1

- Können Sie mir bitte helfen?
- Ja, das kann ich.
- Ich kann die Adresse nicht auf Ukrainisch schreiben. Können Sie sie für mich schreiben?

- Так.
- Дя́кую.

2

- Ти вмі́єш гра́ти в те́ніс?
- Ні, не вмі́ю. Але́ я мо́жу навчи́тися. Ти мо́жеш допомогти́ мені́ навчи́тися?
- Так. Я мо́жу допомогти́ тобі́ навчи́тися гра́ти в те́ніс.
- Дя́кую.

3

- Ти вмі́єш говори́ти по-украї́нськи?
- Я вмі́ю говори́ти й чита́ти по-украї́нськи, але́ не вмі́ю писа́ти.
- Ти вмі́єш говори́ти по-німе́цьки?
- Я вмі́ю говори́ти, чита́ти й писа́ти по-німе́цьки.

4

- Лю́ба вмі́є говори́ти по-німе́цьки?
- Ні, не вмі́є. Вона́ украї́нка.

5

- Вони́ вмі́ють говори́ти по-украї́нськи?
- Так, умі́ють тро́хи. Вони́ студе́нти й вивча́ють украї́нську.
- Цей хло́пчик не вмі́є говори́ти по-украї́нськи.

6

- Де вони́?
- Вони́ за́раз гра́ють в те́ніс.
- Ми мо́жемо теж погра́ти?
- Так, ми мо́жемо погра́ти.

7

- Де Ро́берт?
- Він, можли́во, в кафе́.

- Ja, das kann ich.
- Danke.

2

- Kannst du Tennis spielen?
- Nein. Aber ich kann es lernen. Kannst du mir dabei helfen?
- Ja, ich kann dir helfen, Tennis spielen zu lernen.
- Danke.

3

- Sprichst du Ukrainisch?
- Ich kann Ukrainisch sprechen und lesen, aber nicht schreiben.
- Sprichst du Deutsch?
- Ich kann Deutsch sprechen, lesen und schreiben.

4

- Kann Luba auch Deutsch?
- Nein, sie kann kein Deutsch. Sie ist Ukrainerin.

5

- Sprechen sie Ukrainisch?
- Ja, ein bisschen. Sie sind Studenten und lernen Ukrainisch.
- Dieser Junge spricht kein Ukrainisch.

6

- Wo sind sie?
- Sie spielen gerade Tennis.
- Können wir auch spielen?
- Ja, das können wir.

7

- Wo ist Robert?
- Er ist vielleicht im Café.

8

- Сіда́йте за цей стіл, будь ла́ска.

- Дя́кую. Мо́жна я покладу́ свої́ кни́ги на той стіл?

- Так.

- Мо́жна Крі́стіану сі́сти за її́ стіл?

- Так.

9

- Мо́жна мені́ сі́сти на її́ лі́жко?

- Ні, не мо́жна.

- Мо́жна Лю́бі взя́ти йо́го сіді-пле́єр?

- Ні. Їй не мо́жна бра́ти йо́го сіді-пле́єр.

- Мо́жна їм взя́ти її́ ка́рту?

- Ні, не тре́ба.

10

- Тобі́ не мо́жна сіда́ти на її́ лі́жко.

- Їй не мо́жна бра́ти йо́го сіді-пле́єр.

- Їм не мо́жна бра́ти ці зо́шити.

11

- Я пови́нен іти́ в банк.

- Ти пови́нен іти́ за́раз?

- Так.

12

- Ти пови́нен вивча́ти німе́цьку мо́ву?

- Мені́ не тре́ба вивча́ти німе́цьку. Я пови́нен вивча́ти украї́нську.

13

- Вона́ пови́нна йти в банк?

- Ні. Їй не обов'язко́во йти в банк.

14

- Мо́жна мені́ взя́ти цей велосипе́д?

- Ні, тобі́ не мо́жна бра́ти цей велосипе́д.

8

- Setzen Sie sich an diesen Tisch, bitte.

- Danke. Kann ich meine Bücher auf diesen Tisch legen?

- Ja.

- Darf Kristian sich an ihren Tisch setzen?

- Ja, das darf er.

9

- Darf ich mich auf ihr Bett setzen?

- Nein, das darfst du nicht.

- Darf Luba seinen CD-Spieler nehmen?

- Nein, sie darf seinen CD-Spieler nicht nehmen.

- Dürfen sie ihre Karte nehmen?

- Nein, das dürfen sie nicht.

10

- Du darfst dich nicht auf ihr Bett setzen.

- Sie darf seinen CD-Spieler nicht nehmen.

- Sie dürfen diese Notizbücher nicht nehmen.

11

- Ich muss zur Bank gehen.

- Musst du jetzt gehen?

- Ja.

12

- Musst du Deutsch lernen?

- Ich muss nicht Deutsch lernen. Ich muss Ukrainisch lernen.

13

- Muss sie zur Bank gehen?

- Nein, sie muss nicht zur Bank gehen.

14

- Darf ich dieses Fahrrad nehmen?

- Nein, du darfst dieses Fahrrad nicht nehmen.

- Мо́жна нам покла́сти ці зо́шити на її ліжко?
- Ні. Вам не мо́жна покла́сти зо́шити на її ліжко.

- Dürfen wir diese Notizbücher auf ihr Bett legen?
- Nein, ihr dürft die Notizbücher nicht auf ihr Bett legen.

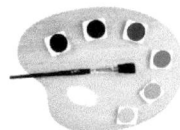

Роберт тепéр живé в Украї́ні

Robert wohnt jetzt in der Ukraine

A

Словá

Vokabeln

1. Áня - Anya (Name)
2. вíсім - acht
3. газéта - die Zeitung
4. дéкілька, небагáто - ein paar
5. дíвчинка, дíвчина - das Mädchen
6. íсти - essen
7. ітú / йти / ходúти - gehen
8. кóжен - jeder
9. любúти - mögen, lieben
10. лю́ди - die Menschen
11. мéблі - die Möbel
12. мýзика - die Musik
13. п'ять - fünf
14. пúти - trinken
15. плóща - der Platz
16. сім - sieben

17. слу́хати - hören; Я слу́хаю му́зику. - Ich höre Musik.
18. сніда́нок - das Frühstück; сні́дати - frühstücken
19. стіле́ць - der Stuhl
20. там - dort (Platz)
21. тре́ба, потрі́бно - brauchen
22. три - drei
23. туди́ - dorthin (Richtung)
24. фе́рма - der Bauernhof
25. хоро́ший, га́рний, до́бре - gut
26. хоті́ти - wollen
27. чай - der Tee
28. чи - ob; Чи мо́же він допомогти́? - Ob er helfen kann?
29. шість - sechs
30. яки́й-не́будь, бу́дь-яки́й - irgendein

 **B**

Ро́берт тепе́р живе́ в Украї́ні

1
Лю́ба до́бре чита́є по- украї́нськи. Я чита́ю по- украї́нськи теж. Студе́нти йдуть в парк. Вона́ іде́ в парк теж.

2
Ми живемо́ в Оде́сі. Крі́стіан за́раз теж живе́ в Оде́сі. Його́ ба́тько й ма́тір живу́ть в Норве́гії. Ро́берт за́раз теж живе́ в Оде́сі. Його́ ба́тько й ма́тір живу́ть в Німе́ччині.

3
Студе́нти гра́ють в те́ніс. Крі́стіан грає́ до́бре. Ро́берт не грає́ до́бре.

4
Ми п'ємо́ чай. Лю́ба п'є зеле́ний чай. Па́ша п'є чо́рний чай. Я п'ю чо́рний чай теж.

5
Я слу́хаю му́зику. А́ня слу́хає му́зику

Robert wohnt jetzt in der Ukraine

1
Luba liest gut Ukrainisch. Ich lese auch Ukrainisch. Die Studenten gehen in den Park. Sie geht auch in den Park.

2
Wir wohnen in Odessa. Kristian wohnt jetzt auch in Odessa. Sein Vater und seine Mutter leben in Norwegen. Robert wohnt jetzt in Odessa auch. Sein Vater und seine Mutter leben in Deutschland.

3
Die Studenten spielen Tennis. Kristian spielt gut. Robert spielt nicht gut.

4
Wir trinken Tee. Luba trinkt grünen Tee. Pascha trinkt schwarzen Tee. Ich trinke auch schwarzen Tee.

5
Ich höre Musik. Ania hört auch Musik. Sie

теж. Вона́ лю́бить слу́хати га́рну му́зику.

hört gerne gute Musik.

6

Мені потрі́бно шість зо́шитів. Па́ші тре́ба сім зо́шитів. Любі́ тре́ба ві́сім зо́шитів.

Ich brauche sechs Notizbücher. Pascha braucht sieben Notizbücher. Luba braucht acht Notizbücher.

7

А́ня хо́че пи́ти. Я теж хо́чу пи́ти. Крі́стіан хо́че ї́сти.

Ania will etwas trinken. Ich will auch etwas trinken. Kristian will etwas essen.

8

На столі́ є газе́та. Крі́стіан бере́ ї́ та чита́є. Він лю́бить чита́ти газе́ти.

Dort liegt eine Zeitung auf dem Tisch. Kristian nimmt sie und liest. Er liest gerne Zeitung.

9

В кімна́ті є небага́то ме́блів. Там шість столі́в і шість стільці́в.

Im Zimmer gibt es Möbel. Es gibt dort sechs Tische und sechs Stühle.

10

В кімна́ті три ді́вчини. Вони́ їдя́ть сніда́нок. А́ня їсть хліб і п'є чай. Вона́ лю́бить зеле́ний чай.

Es sind drei Mädchen im Zimmer. Sie frühstücken. Ania isst Brot und trinkt Tee. Sie mag grünen Tee.

11

На столі́ є де́кілька книг. Вони́ не нові́. Вони́ старі́.

Auf dem Tisch liegen ein paar Bücher. Sie sind nicht neu. Sie sind alt.

12

- Чи є на ці́й ву́лиці банк?
- Так. На ці́й ву́лиці п'ять ба́нків. Ці ба́нки не вели́кі.

- Ist in dieser Straße eine Bank?
- Ja. Es gibt fünf Banken in dieser Straße. Sie sind nicht groß.

13

- Чи є лю́ди на пло́щі?
- Так. На пло́щі є де́кілька люде́й.

- Sind Menschen auf dem Platz?
- Ja, auf dem Platz sind ein paar Menschen.

14

- Чи є велосипе́ди бі́ля кафе́?
- Так. Бі́ля кафе́ чоти́ри велосипе́ди. Вони́ не нові́.

- Stehen Fahrräder vor dem Café?
- Ja, es stehen vier Fahrräder vor dem Café. Sie sind nicht neu.

15

- Чи є на цій ву́лиці готе́ль?
- Ні. На цій ву́лиці нема́є готе́лів.

16

- Чи є вели́кі крамни́ці на цій ву́лиці?
- Ні. На цій ву́лиці нема́є великих крамни́ць.

17

- Чи є фе́рми в Украї́ні?
- Так. В Украї́ні бага́то ферм.

18

- Чи є ме́блі в тій кімна́ті?
- Так. Там є чоти́ри столи́ та де́кілька стільці́в.

15

- Gibt es in dieser Straße ein Hotel?
- Nein, es gibt keine Hotels in dieser Straße.

16

- Gibt es in dieser Straße große Läden?
- Nein, es gibt keine großen Läden in dieser Straße.

17

- Gibt es in der Ukraine Bauernhöfe?
- Ja, es gibt viele Bauernhöfe in der Ukraine.

18

- Sind Möbel in diesem Zimmer?
- Ja, es sind dort vier Tische und einige Stühle.

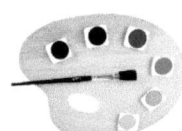

6

У Ро́берта бага́то дру́зів

Robert hat viele Freunde

 A

Слова́

Vokabeln

1. аге́нтство - die Agentur
2. бага́то - viel, viele
3. ві́льний - frei
4. всере́дину - hinein
5. две́рі - die Tür
6. друг - der Freund
7. ду́же - sehr
8. жінки́ - der Frau (Dat)
9. зна́ти - kennen, wissen
10. ї́здити - fahren
11. іти́/йти - kommen / gehen
12. ка́ва - der Kaffee
13. ка́рта люди́ни - der Plan des Mannes
14. комп'ю́тер - der Computer
15. компа́кт-диск - die CD
16. Крі́стіана - Kristians
17. людина - der Mensch

18. ма́ло, тро́хи - wenig
19. ма́мин - der Muti (Dat)
20. маши́на - das Auto
21. Мико́ла - Mikola (Name)
22. Па́ші - Paschas; кни́га Па́ші - Paschas Buch
23. під - unter
24. плита́ кухо́нна - der Herd
25. Ро́берта - Roberts

26. робо́та - die Arbeit; аге́нтство з працевлаштува́ння - die Arbeitsvermittlung
27. сказа́ти - sagen
28. та́кож, теж - auch
29. та́то - der Vater, та́товий / та́тів - Vatis (Dat)
30. чи́стий - sauber; чи́стити - putzen

B

У Ро́берта бага́то дру́зів

1

Ро́берт ма́є бага́то дру́зів. Дру́зі Ро́берта хо́дять у кафе́. Вони́ лю́блять пи́ти ка́ву. Дру́зі Ро́берта п'ють бага́то ка́ви.

2

Та́то Крі́стіана ма́є автомобі́ль. Та́тів автомобі́ль чи́стий, але стари́й. Та́то Крі́стіана і́здить бага́то. Він ма́є га́рну робо́ту й у ньо́го за́раз бага́то робо́ти.

3

Па́ша ма́є бага́то ди́сків. Ди́ски Па́ші на його́ лі́жку. Сіді-плеє́р Па́ші теж на його́ лі́жку.

4

Ро́берт чита́є украї́нські газе́ти. На столі́ в кімна́ті Ро́берта бага́то газе́т.

5

А́ня ма́є кі́шку й соба́ку. Кі́шка А́ні в

Robert hat viele Freunde

1

Robert hat viele Freunde. Roberts Freunde gehen ins Café. Sie trinken gerne Kaffee. Roberts Freunde trinken viel Kaffee.

2

Kristians Vater hat ein Auto. Das Auto seines Vaters ist sauber, aber alt. Kristians Vater fährt viel Auto. Er hat eine gute Arbeit und im Moment viel zu tun.

3

Pascha hat viele CDs. Paschas CDs liegen auf seinem Bett. Paschas CD-Spieler ist auch auf seinem Bett.

4

Robert liest ukrainische Zeitungen. Auf dem Tisch in Roberts Zimmer liegen viele Zeitungen.

5

Ania hat eine Katze und einen Hund. Anias

кімна́ті під лі́жком. Соба́ка А́ні теж у кімна́ті.

6

У цьо́му автомобі́лі є люди́на. Ця люди́на ма́є ка́рту. Ка́рта ціє́ї люди́ни вели́ка. Ця люди́на і́здить бага́то.

7

Я студе́нт. Я ма́ю бага́то ві́льного ча́су. Я йду в аге́нтство з працевлаштува́ння. Мені́ потрі́бна га́рна робо́та. У Крі́стіана й Ро́берта є тро́хи ві́льного ча́су. Вони́ теж іду́ть в аге́нтство з пра́ці. Крі́стіан ма́є комп'ю́тер. Аге́нтство мо́же да́ти Крі́стіану га́рну робо́ту.

8

Лю́ба ма́є нову́ кухо́нну плиту́. Плита́ Лю́би га́рна й чи́ста. Вона́ готу́є сніда́нок для свої́х діте́й. А́ня й Па́ша - ді́ти Лю́би. Ді́ти Лю́би п'ють бага́то ча́ю. Ма́ма п'є тро́хи ка́ви. Ма́ма А́ні мо́же сказа́ти ду́же ма́ло німе́цьких слів. Вона́ гово́рить німе́цькою ду́же ма́ло. Лю́ба ма́є робо́ту. У не́ї ма́ло ві́льного ча́су.

9

Ро́берт мо́же говори́ти украї́нською ма́ло. Ро́берт зна́є ма́ло украї́нських слів. Я зна́ю бага́то украї́нських слів. Я мо́жу тро́хи говори́ти украї́нською. Ця жі́нка зна́є бага́то украї́нських слів. Вона́ мо́же до́бре говори́ти украї́нською.

Katze ist im Zimmer unter dem Bett. Anias Hund ist auch im Zimmer.

6

In dem Auto ist ein Mann. Der Mann hat eine Karte. Die Karte des Mannes ist groß. Dieser Mann fährt viel Auto.

7

Ich bin Student. Ich habe viel Freizeit. Ich gehe zu einer Arbeitsvermittlung. Ich brauche einen guten Job. Kristian und Robert haben ein bisschen freie Zeit. Sie gehen auch zu der Arbeitsvermittlung. Kristian hat einen Computer. Die Agentur wird ihm vielleicht eine gute Arbeit geben.

8

Luba hat einen neuen Herd. Lubas Der Herd ist gut und sauber. Luba macht Frühstück für ihre Kinder. Ania und Pascha sind Lubas Kinder. Lubas Kinder trinken viel Tee. Die Mutter trinkt ein bisschen Kaffee. Anias Mutter kann nur ein paar Wörter auf Deutsch. Sie spricht sehr wenig Deutsch. Luba hat Arbeit. Sie hat wenig Freizeit.

9

Robert spricht wenig Ukrainisch. Er kennt nur sehr wenige ukrainische Wörter. Ich kenne viele ukrainische Wörter. Ich spreche ein bisschen Ukrainisch. Diese Frau kennt viele ukrainische Wörter. Sie spricht gut Ukrainisch.

10

Микóла працю́є в агéнтстві з працевлаштувáння. Це агéнтство з працевлаштувáння знахóдиться в Одéсі. Микóла мáє маши́ну. Маши́на Микóли на ву́лиці. У Микóли багáто робóти. Він пови́нен ї́хати в агéнтство. Він ї́де туди́. Микóла захóдить в агéнтство. Там багáто студéнтів. Їм потрíбна робóта. Робóта Микóли - допомагáти студéнтам.

11

Бíля готéлю стої́ть маши́на. Двéрі маши́ни не чи́сті. Багáто студéнтів живé в цьóму готéлі. Кімнáти готéлю малéнькі, алé чи́сті. Це кімнáта Рóберта. Вікнó кімнáти вели́ке й чи́сте.

10

Mikola arbeitet in einer Arbeitsvermittlung. Diese Arbeitsvermittlung ist in Odessa. Mikola hat ein Auto. Mikolas Auto steht an der Straße. Mikola hat viel Arbeit. Er muss in die Agentur gehen. Er fährt mit dem Auto dorthin. Mikola kommt in die Agentur. Dort sind viele Studenten. Sie brauchen Arbeit. Mikolas Arbeit ist, den Studenten zu helfen.

11

Vor dem Hotel steht ein Auto. Die Türen des Autos sind nicht sauber.
In diesem Hotel wohnen viele Studenten. Die Zimmer des Hotels sind klein, aber sauber. Das ist Roberts Zimmer. Das Fenster des Zimmers ist groß und sauber.

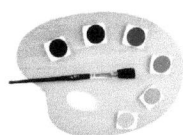

Die Audiodatei

Па́ша купу́є велосипе́д

Pascha kauft ein Fahrrad

 A

Слова́

Vokabeln

1. автобус - der Bus
2. ва́нна кімна́та - das Bad, das Badezimmer; ва́нна - die Badewanne; ва́нний сто́лик - der Badezimmertisch
3. дім, буди́нок - das Zuhause
4. з - mit
5. займа́ти час - Zeit nehmen; Це займа́є п'ять хвили́н. - Es nimmt fünf Minuten.
6. здо́рово - toll
7. і́хати на велосипе́ді - Fahrrad fahren, mit dem Fahrrad fahren
8. ку́хня - die Küche
9. неді́ля - Sonntag

10. обли́ччя - das Gesicht

11. оди́н по о́дному - einer nach dem anderen

12. о́фіс - das Büro

13. подо́батися (passive form +Dative) - gefallen; Вона́ мені́ подо́бається. - Sie gefällt mir.

14. пої́здка - Fahrt

15. поку́пка - Einkauf

16. по́тім, тоді́, потому́ - dann; після цього́ - danach

17. пра́льна маши́на - die Waschmaschine

18. прово́дити час - Zeit verbringen

19. ра́нок - der Morgen

20. роби́ти - machen

21. робо́чий - der Arbeiter

22. спо́рт - der Sport; спорти́вна крамни́ця - das Sportgeschäft, спорти́вний велосипе́д - das Sportfahrrad

23. сього́дні - heute

24. тому́ - deshalb

25. тормозо́к - der Imbiss

26. умива́тися - waschen

27. фі́рма - die Firma

28. центр - das Zentrum; центр мі́ста - das Stadtzentrum

29. чаєва́рка - Teemaschine

30. час - die Zeit; час іде́ - die Zeit läuft

31. че́рга - die Schlange

 B

Па́ша купу́є велосипе́д

Неді́льний ра́нок. Па́ша йде у ва́нну. Ва́нна кімна́та не вели́ка. Там є ва́нна, пра́льна маши́на й ва́нний сто́лик. Па́ша вмива́ється. По́тім він іде́ на ку́хню. На кухо́нному столі́ стої́ть чаєва́рка. Па́ша сніда́є. Неді́льний сніда́нок Па́ші не вели́кий. По́тім він готу́є чай за допомо́гою чаєва́рки й п'є його́. Сього́дні він хо́че піти́ в спорти́вну крамни́цю. Па́ша вихо́дить на ву́лицю. Він сіда́є на авто́бус сім.

Pascha kauft ein Fahrrad

Es ist Samstagmorgen. Pascha geht ins Bad. Das Badezimmer ist nicht groß. Dort gibt es eine Badewanne, eine Waschmaschine und einen Badezimmertisch. Pascha wäscht sich das Gesicht. Dann geht er in die Küche. Auf dem Küchentisch steht ein Teekessel. Pascha frühstückt. Paschas Frühstück ist nicht groß. Dann macht er Tee mit dem Teekessel und trinkt ihn. Er will heute in ein Sportgeschäft. Pascha geht auf die

Поїздка на автобусі до крамниці займає небагато часу.

Паша заходить у спортивну крамницю. Він хоче купити новий спортивний велосипед. Там є безліч спортивних байків. Вони чорні, сині й зелені. Паші подобаються сині байки. Він хоче купити синій. У крамниці черга. Купівля байка займає в Паші багато часу. Потім він виходить на вулицю і їде на байку. Він їде в центр міста. Потім із центру міста він їде в міський парк. Це так здорово їхати на новому спортивному байку!

Недільний ранок, але Микола у своєму офісі. У нього сьогодні багато роботи. В офіс Миколи стоїть черга. У черзі багато студентів і робітників. Їм потрібна робота. Вони заходять один по одному в офіс Миколи. Вони розмовляють із Миколою. Потім він дає адреси фірм.

Зараз час перерви. Микола готує каву за допомогою кавоварки. Він їсть свою їжу й п'є каву. Зараз у його офіс немає черги. Микола може йти додому. Він виходить на вулицю. Сьогодні так добре! Микола йде додому. Він бере своїх дітей і йде в міський парк. Вони здорово проводять там час.

Straße. Er nimmt den Bus 7. Pascha braucht nicht lange, um mit dem Bus zum Laden zu fahren.

Pascha geht in das Sportgeschäft. Er will sich ein neues Sportfahrrad kaufen. Es gibt viele Sportfahrräder. Sie sind schwarz, blau und grün. Pascha mag blaue Fahrräder. Er will ein blaues kaufen. Im Laden ist eine Schlange. Pascha braucht lange, um das Fahrrad zu kaufen. Dann geht er auf die Straße und fährt mit dem Fahrrad. Er fährt ins Stadtzentrum. Dann fährt er vom Zentrum in den Stadtpark. Es ist so schön, mit einem neuen Sportfahrrad zu fahren!

Es ist Samstagmorgen, aber Mikola ist in seinem Büro. Er hat heute viel zu tun. Vor Mikolas Büro ist eine Schlange. In der Schlange stehen viele Studenten und Arbeiter. Sie brauchen Arbeit. Sie gehen einer nach dem anderen in Mikolas Büro. Sie sprechen mit Mikola. Dann gibt er ihnen Adressen von Firmen.

Jetzt ist Zeit für einen Imbiss. Mikola macht Kaffee mit der Kaffeemaschine. Er isst seinen Imbiss und trinkt Kaffee. Jetzt ist keine Schlange mehr vor seinem Büro. Mikola kann nach Hause gehen. Er geht auf die Straße. Es ist so ein schöner Tag! Mikola geht nach Hause. Er holt seine Kinder ab und geht in den Stadtpark. Dort haben sie eine schöne Zeit.

8

Die Audiodatei

Лю́ба хо́че купи́ти нови́й DVD

Luba will eine neue DVD kaufen

 A

Слова́

Vokabeln

1. більш; бі́льше - mehr
2. відеоди́ск - die DVD
3. відеокасе́та - die Videokassette
4. відеомагази́н (відеокрамни́ця) - die Videothek
5. годи́на - die Stunde
6. два́дцять - zwanzig
7. дізна́тися - erfahren
8. до́вгий - lang
9. дру́жній, при́язний - freundlich
10. запита́ти - fragen
11. йти - weggehen
12. молоди́й - jung

13. ніж - als; Микóла стáрший ніж Люба. (Микола старший за Любу / від Люби) - Mikola ist älter als Liuba.

14. п'ятнáдцять - fünfzehn

15. покáзувати - zeigen

16. приблúзно, блúзько - etwa

17. пригóда - das Abenteuer

18. продавéць / продавщúця - der Verkäufer / die Verkäuferin

19. просúти - bitten

20. рукá - Hand

21. сáмий (най-) - meist

22. сказáти - sagen

23. США - die USA

24. улюблений - Lieblings

25. фíльм - der Film

26. цікáвий - interessant

27. чáшка - die Tasse

28. що - dass; Я знáю, що ця книга цікáва. - Ich weiß, dass dieses Buch interessant ist.

29. ящик - die Kiste

В

Люба хóче купúти новúй DVD

Пáша й Áня - дíти Люби. Áня - молóдша дитúна. Їй п'ять рóків. Пáша на п'ятнáдцять рóків стáрший від Áні. Йомý двáдцять рóків. Áня набагáто молóдша від Пáші.

Áня, Люба й Пáша на кýхні. Вонú п'ють чай. Чáшка Áні велúка. Чáшка Люби бíльша. Чáшка Пáші найбíльша.

У Люби багáто відеокасéт і DVD із цікáвими фíльмами. Вонá хóче купúти бíльш новúй фíльм. Вонá йде до відеомагазúну. Там багáто корóбок з відеокасéтами й DVD. Вонá прóсить продавця допомогтú їй. Продавéць даé

Luba will eine neue DVD kaufen

Pascha und Ania sind Lubas Kinder. Ania ist die Jüngste. Sie ist fünf. Pascha ist fünfzehn Jahre älter als Ania. Er ist zwanzig. Ania ist viel jünger als Pascha.

Ania, Luba und Pascha sind in der Küche. Sie trinken Tee. Anias Tasse ist groß. Lubas Tasse ist größer. Paschas Tasse ist am größten.

Luba hat viele Videokassetten und DVDs mit interessanten Filmen. Sie will einen neueren Film kaufen. Sie geht in eine Videothek. Dort sind viele Kisten mit Videokassetten und DVDs. Sie bittet einen Verkäufer, ihr zu helfen. Der Verkäufer

Любі якісь касе́ти. Люба хо́че довідатися більше про ці фільми, але́ продаве́ць іде́. У магази́ні є ще одна́ продавщи́ця, і вона́ більш при́язна. Вона́ запи́тує Лю́бу про її улю́блені фільми. Любі подо́баються романти́чні й приго́дницькі фільми. Фільм «Тита́нік» - це її найулю́блений фільм. Продавщи́ця пока́зує Лю́бі касе́ту із найнові́шим голліву́дським фільмом «Америка́нський друг». Він про романти́чні приго́ди чолові́ка й молодо́ї жі́нки в США. Вона́ та́кож пока́зує Лю́бі DVD з фільмом «Фі́рма». Продавщи́ця гово́рить, що фільм «Фі́рма» - це оди́н із найціка́віших фільмів. І це та́кож оди́н із найдо́вших фільмів. Він трива́є більш ніж три годи́ни. Любі подо́баються фільми якнайдо́вши. Вона́ гово́рить, що «Тита́нік» - це найціка́віший і найдо́вший фільм, яки́й у не́ї є. Люба купу́є DVD з фільмом «Фі́рма». Вона́ дя́кує продавщи́ці та йде.

gibt Luba ein paar Filme. Luba will mehr über diese Filme wissen, aber der Verkäufer geht weg. Es gibt eine andere Verkäuferin im Laden und sie ist freundlicher. Sie fragt Luba nach ihren Lieblingsfilmen. Luba mag romantische Filme und Abenteuerfilme. Der Film „Titanic" ist ihr Lieblingsfilm. Die Verkäuferin zeigt Luba eine DVD mit dem neusten Hollywoodfilm „Der amerikanische Freund". Er handelt von den romantischen Abenteuern eines Mannes und einer jungen Frau in den USA. Sie zeigt Luba auch eine DVD mit dem Film „Die Firma". Die Verkäuferin sagt, dass der Film „Die Firma" einer der interessantesten Filme ist. Und auch einer der längsten. Er dauert mehr als drei Stunden. Luba mag längere Filme. Sie sagt, dass „Titanic" der interessanteste und der längste Film ist, den sie hat. Luba kauft die DVD mit dem Film „Die Firma". Sie bedankt sich bei der Verkäuferin und geht.

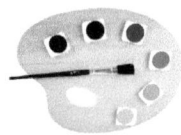

Крíстіан слýхає німéцьку мýзику

Kristian hört deutsche Musik

 A

Словá

Vokabeln

1. Áнжела - Angela
2. бíгти - rennen, joggen, laufen
3. бíля - in der Nähe
4. гуртóжиток - das Studentenwohnheim
5. дéнь - der Tag
6. дзвони́ти по телефóну - anrufen
7. ím'я - der Name; нáзва - der Name (für Sachen); називáти - nennen
8. Іспáнія - Spanien
9. капелю́х - der Hut
10. Кéрол - Carol

11. кóжен - jeder, jede, jedes
12. мáсло - die Butter
13. направля́тися / йти́ - gehen
14. несправний - außer Betrieb
15. пéред - vor
16. почина́ти - anfangen
17. приблизно - etwa
18. прости́й - einfach
19. роди́на, сім'я́ - die Familie
20. сорóмитися - sich schämen; йому́ сóромно - er schämt sich
21. співáк (M), співáчка (F) - der Sänger
22. співáти - singen
23. стриба́ти - springen; стрибóк - der Sprung
24. сýкня - Kleidung
25. сýмка - die Tasche
26. телефóн - das Telefon; телефонува́ти - telefonieren
27. томý що - weil
28. фрáза - der Satz
29. хвили́на - die Minute
30. хліб - das Brot

 В

Крістіан слýхає німéцьку мýзику

Кéрол студéнтка. Їй двáдцять рóків. Кéрол з Іспáнії. Вонá живé в студéнтському гуртóжитку. Вонá дýже ми́ла дíвчина. Кéрол нóсить блаки́тну сýкню. На її головí капелю́шок.

Кéрол хóче сьогóдні подзвони́ти своїй роди́ні. Вонá йде на переговóрний пýнкт, томý що її телефóн несправний. Переговóрний пýнкт знахóдиться пéред кафé. Кéрол дзвóнить своїй роди́ні. Вонá розмовля́є зі своїми мáмою й тáтом. Телефóнний дзвінóк займáє в неї приблизно п'ять хвили́н. Пóтім вонá дзвóнить своїй пóдрузі Áнжелі. Цей

Kristian hört deutsche Musik

Carol ist Studentin. Sie ist zwanzig. Carol kommt aus Spanien. Sie wohnt im Studentenwohnheim. Sie ist ein sehr nettes Mädchen. Carol hat ein blaues Kleid an. Auf dem Kopf hat sie einen Hut.

Carol will heute ihre Familie anrufen. Sie geht ins Callcenter, weil ihr Telefon außer Betrieb ist. Das Callcenter ist vor dem Café. Carol ruft ihre Familie an. Sie spricht mit ihrer Mutter und ihrem Vater. Der Anruf dauert etwa fünf Minuten. Dann ruft sie ihre Freundin Angela an. Dieser Anruf dauert etwa drei Minuten.

Robert mag Sport. Er geht jeden

телефóнний дзвінóк займáє в неí приблúзно три хвилúни.

Рóберт лю́бить спóрт. Він бíгає щорáнку в пáрку біля гуртóжитку. Сьогóдні він теж бíгає. Він тáкож стрибáє. Його стрибкú дýже дóвгі. Крíстіан і Пáша бíгають і стрибáють із Рóбертом. Стрибкú Пáші дóвші. Стрибкú Крíстіана найдóвші. Він стрибáє крáще від усíх. Пóтім Рóберт і Крíстіан біжáть у гуртóжиток, а Пáша біжúть додóму.

Рóберт снíдає у своíй кімнáті. Він берé хліб і мáсло. Він готýє кáву за допомóгою кавовáрки. Пóтім він намáщує хліб мáслом і їсть.

Рóберт живé в гуртóжитку в Одéсі. Його кімнáта біля кімнáти Крíстіана. Кімнáта Рóберта невелúка. Вонá чúста, томý що Рóберт прибирáє її щодня́. У кімнáті стіл, лíжко, кíлька стільцíв і ще трóхи інших мéблів. Зóшити й кнúги Рóберта на столí. Його сýмка під столóм. Стільцí біля стóлу. Рóберт берé в рýку кíлька компáкт-дúсків і йде до Крíстіана, томý що Крíстіан хóче послýхати нíмецьку мýзику.

Крíстіан у своíй кімнáті за столóм. Його кіт під столóм. Пéред котóм лежúть трóхи хлíба. Кіт їсть хліб. Рóберт даé компáкт-дúски Крíстіану. На цих компáкт-дúсках крáща німéцька мýзика.

Morgen im Park in der Nähe des Studentenwohnheims joggen. Heute läuft er auch. Er springt auch. Er springt sehr weit. Kristian und Pascha laufen und springen mit Robert. Pascha springt weiter. Kristian springt am weitesten. Er springt am besten von allen. Dann laufen Robert und Kristian zum Studentenwohnheim und Pascha nach Hause.

Robert frühstückt in seinem Zimmer. Er holt Brot und Butter. Er macht Kaffee mit der Kaffeemaschine. Dann bestreicht er das Brot mit Butter und isst.

Robert wohnt im Studentenwohnheim in Odessa. Sein Zimmer ist in der Nähe von Kristians Zimmer. Roberts Zimmer ist nicht groß. Es ist sauber, weil Robert es jeden Tag sauber macht. In seinem Zimmer stehen ein Tisch, ein Bett, ein paar Stühle und ein paar andere Möbel. Roberts Bücher und Notizbücher liegen auf dem Tisch. Seine Tasche ist unter dem Tisch. Die Stühle stehen am Tisch. Robert nimmt ein paar CDs in die Hand und geht zu Kristians Zimmer, weil Kristian deutsche Musik hören will.

Kristian sitzt in seinem Zimmer am Tisch. Seine Katze ist unter dem Tisch. Vor der Katze liegt etwas Brot. Die Katze isst das Brot. Robert gibt Kristian die CDs. Auf den CDs ist die beste deutsche

Крістіан тáкож хóче довíдатися именá німéцьких співакíв. Рóберт називáє своїх улюблених співакíв. Він називáє Блюмхен, Нéну й Сáндру. Ці именá новí для Крістіана. Він слýхає компáкт-диски й пóтім починáє наспівувати німéцькі пісні! Йомý дýже подóбаються ці пісні. Крістіан прóсить Рóберта написáти словá пісéнь. Рóберт пише словá крáщих німéцьких пісéнь для Крістіана. Крістіан говóрить, що він хóче вивчити словá деяких німéцьких пісéнь і прóсить Рóберта допомогти. Рóберт допомагáє Крістіану вчити німéцькі словá. Це займáє багáто чáсу, томý що Рóберт не вмíє дóбре говорити українською мóвою. Рóберту сóромно. Він не мóже сказáти деякі простí фрáзи! Пóтім Рóберт ідé у свою кімнáту й ýчить українську мóву.

Musik. Kristian will auch die Namen der deutschen Sänger wissen. Robert nennt seine Lieblingssänger. Er nennt Blümchen, Nena and Sandra. Diese Namen sind Kristian neu. Er hört die CDs an und beginnt dann, die deutschen Lieder zu singen! Ihm gefallen die Lieder sehr. Kristian bittet Robert, den Text der Lieder aufzuschreiben. Robert schreibt die Texte der besten deutschen Lieder für Kristian auf. Kristian sagt, dass er die Texte von ein paar Liedern lernen will, und bittet Robert um Hilfe. Robert hilft Kristian, die deutschen Texte zu lernen. Es dauert sehr lange, weil Robert nicht gut Ukrainisch spricht. Robert schämt sich. Er kann nicht mal ein paar einfache Sätze sagen! Dann geht Robert in sein Zimmer und lernt Ukrainisch.

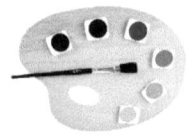

Die Audiodatei

Крíстіан купýє підрýчники з дизáйну
Kristian kauft Fachbücher über Design

A

Словá
Vokabeln

1. бáчити - sehen
2. вибирáти - wählen, aussuchen
3. грúвня - Hrywnja (ukrainisches Geld)
4. дивúтися - schauen, betrachten
5. дизáйн - das Design
6. дíйсно, спрáвді - wirklich
7. до побáчення / бувáй - tschüss
8. (за)платúти - zahlen
9. здрáстуйте, добрúдень - hallo
10. йогó - ihn (Akkusativ), sein(e) (Possessivpronomen); Я знáю йогó. - Ich kenne ihn. Це йогó кнúга. - Das ist sein Buch.
11. йомý - ihm
12. їй - ihr (Dativ); Я хочý подарувáти їй ці квíти. - Ich möchte ihr diese Blumen schenken.
13. ї́ - sie (Akkusativ), ihr(e) (Possessivpronomen); Я знáю ї́. - Ich kenne sie. Це ї́ кнúга. - Das ist ihr Buch.
14. їм - ihnen (Dativ)
15. італíйський - Italienische

16. їх - sie (Akkusativ), ihr(e) (Possessivpronomen); Я знáю їх. - Ich kenne sie. Це їхні книги. - Das sind ihre Bücher.
17. картúн(к)а, зобрáження - das Foto, das Bild
18. кóштувати - kosten
19. мóва - die Sprache
20. найблúжчий - der nechste, in der Nähe
21. отрúмувати - bekommen, kriegen, erhalten
22. підрýчник - das Fachbuch
23. поя́снювати / поясни́ти - erklären; Ви мóжете поясни́ти це? - Können Sie das erklären?
24. прекрáсний - schön
25. прогрáма - das Programm
26. рід - die Art
27. рíдна мóва - die Muttersprache
28. субóта - Samstag
29. тíльки, лишé - nur
30. університéт - die Universität
31. урóк - die Unterrichtsstunde, die Aufgabe
32. учи́ти(-ся), навчáтися - studieren, lernen

B

Крíстіан купýє підрýчник з дизáйну

Крíстіан норвéжець і норвéзька йогó рíдна мóва. Він вивчáє дизáйн в університéті в Одéсі.

Сьогóдні субóта й у Крíстіана багáто вíльного чáсу. Він хóче купи́ти кílька книг. Він ідé до найбли́жчої книгáрні. У них мóжуть бýти підрýчники з дизáйну. Він захóдить у крамни́цю і ди́виться на столú з кни́гами. До Крíстіана підхóдить жíнка. Вонá - продавщи́ця.

«Здрáстуйте. Я мóжу Вам допомогти́?» - запи́тує продавщи́ця.

Kristian kauft Fachbücher über Design

Kristian ist Norwege und seine Muttersprache ist Norwegisch. Er studiert Design an der Universität in Odessa.

Heute ist Samstag und Kristian hat viel Freizeit. Er will ein paar Bücher über Design kaufen. Er geht zum Buchladen in der Nähe. Der könnte Fachbücher über Design haben. Er kommt in den Laden und betrachtet den Tisch mit Büchern. Eine Frau kommt zu Kristian. Sie ist eine Verkäuferin.

«Здра́стуйте, - гово́рить Крі́стіан. - Я вивча́ю диза́йн в університе́ті. Мені́ потрі́бно кі́лька підру́чників. У вас є які́-нéбудь підру́чники з диза́йну?» - запи́тує її Крі́стіан.

«Яко́го ро́ду диза́йн? У нас є підру́чники з ме́блевого диза́йну, автомобі́льного диза́йну, спорти́вного диза́йну, з диза́йну для Інтерне́ту», - поя́снює вона́ йому́.

«Ви б не могли́ показа́ти підру́чники з ме́блевого диза́йну та диза́йну для Інтерне́ту?» - гово́рить їй Крі́стіан.

«Ви мо́жете ви́брати кни́ги з найбли́жчого сто́лу. Погля́ньте на них. Це кни́га італі́йського ме́блевого диза́йнера Палаті́но. Цей диза́йнер поя́снює диза́йн італі́йських ме́блів. Він та́кож поя́снює ме́блевий диза́йн Євро́пи й США. Тут є та́кож га́рні зобра́ження», - поя́снює продавщи́ця.

«Я ба́чу, в кни́зі є та́кож кі́лька уро́ків. Ця кни́га ді́йсно га́рна. Скі́льки вона́ кошту́є?» - запи́тує її Крі́стіан.

«Вона́ кошту́є 200 гри́вень. І Ви та́кож оде́ржуєте з кни́гою компа́кт-диск. На компа́кт-ди́ску комп'ю́терна програ́ма для диза́йну ме́блів», - гово́рить йому́ продавщи́ця.

«Вона́ мені́ ді́йсно подо́бається», -

„Hallo, kann ich Ihnen helfen?", fragt ihn die Verkäuferin.

„Hallo", sagt Kristian. „Ich studiere Design an der Universität. Ich brauche ein paar Fachbücher. Haben Sie irgendwelche Fachbücher über Design?", fragt Kristian sie.

„Welche Art von Design? Wir haben Fachbücher über Möbeldesign, Autodesign, Sportdesign oder Internetdesign", erklärt sie ihm.

„Können Sie mir Fachbücher über Möbeldesign und Internetdesign zeigen?", fragt Kristian sie.

„Sie können sich Bücher von den nächsten Tischen aussuchen. Schauen Sie sie sich an. Dies ist ein Buch von dem italienischen Möbeldesigner Palatino. Dieser Designer erklärt das Design italienischer Möbel. Er erklärt auch europäisches und amerikanisches Möbeldesign. In dem Buch sind einige gute Bilder", erklärt die Verkäuferin.

„Ich sehe, dass das Buch auch Aufgaben enthält. Dieses Buch ist wirklich gut. Wie viel kostet es?", fragt Kristian sie.

„Es kostet 200 Hrywnja. Und mit dem Buch kommt eine CD. Auf der CD ist ein Computerprogramm für Möbeldesign",

говóрить Крíстіан.

«Тут Ви мóжете подиви́тися підру́чники з диза́йну для Інтернéту, - поя́снює йому́ жíнка. - Ця кни́га про комп'ю́терну програ́му „Ма́йкрософт О́фіс". А цí кни́ги про комп'ю́терну програ́му „Флеш". Гля́ньте на цю черво́ну кни́гу. Вона́ про „Флеш" і тут є кíлька цікáвих уро́ків. Вибирáйте, будь лáска».

«Скíльки кóштýє ця черво́на кни́га?» - запи́тує її Крíстіан.

«Ця кни́га з двома́ компа́кт-ди́сками кóштує лишé 180 гри́вень», - говóрить йому́ продавщи́ця.

«Я хóчу купи́ти кни́гу Палатíно про мéблевий дизáйн і цю черво́ну кни́гу про «Флеш». Скíльки я пови́нен заплати́ти за них?» - запи́тує Крíстіан.

«За цí двí кни́ги Ви пови́нні заплати́ти 380 гри́вень», - говóрить йому́ продавщи́ця.

Крíстіан пла́тить. По́тім він берé кни́ги й компáкт-ди́ски.

«До побáчення», - говóрить йому́ продавщи́ця.

«До побáчення», - говóрить їй Крíстіан і вихóдить на ву́лицю.

sagt die Verkäuferin.

„Das gefällt mir wirklich", sagt Kristian.

„Dort können Sie sich ein paar Fachbücher über Internetdesign anschauen", erklärt ihm die Frau. „Dieses Buch ist über das Computerprogramm Microsoft Office. Und diese Bücher sind über das Computerprogramm Flash. Schauen Sie sich dieses rote Buch an. Es ist über Flash und es enthält einige interessante Lektionen. Suchen Sie sich eins aus."

„Wie viel kostet das rote Buch?", fragt Kristian sie.

„Dieses Buch mit zwei CDs kostet nur 180 Hrywnja", sagt die Verkäuferin.

„Ich möchte das Buch von Palatino über Möbeldesign und das rote Buch über Flash kaufen. Wie viel muss ich dafür zahlen?", fragt Kristian.

„Sie müssen 380 Hrywnja für diese zwei Bücher zahlen", sagt die Verkäuferin.

Kristian zahlt. Dann nimmt er die Bücher und die CDs.

„Tschüss", sagt die Verkäuferin zu ihm.

„Tschüss", sagt Kristian und geht.

11

Die Audiodatei

Róберт хóче заробúти трóхи грóшей (частúна 1)
Robert will ein bisschen Geld verdienen (Teil 1)

 A

Словá
Vokabeln

1. важкúй - schwer
2. вантáжити - beladen, вантáжник - der Verlader, вантажíвка - der Lastwagen
3. вíдділ кáдрів - die Personalabteilung
4. вíдповідь - die Antwort, відповідáти - antworten, erwidern
5. годúна - die Stunde; щогодúни - stündlich; годúна, годúнник - Uhr; Дві годúни. - Es ist zwei Uhr.
6. дáлі бýде - Fortsetzung folgt
7. день - der Tag
8. дóбре - gut, alles klar
9. енéргія - die Energie
10. за - pro; Я заробляю 50 грúвень за годúну. - Ich verdiene 50 Hrywnja pro Stunde.

11. запи́ска - die Notiz
12. заробля́ти - verdienen
13. звича́йний - normal; звича́йно / зазвича́й - normalerweise
14. керівни́к / керівни́ця - der Leiter / die Leiterin
15. кіне́ць - das Ende; закі́нчити - beenden
16. кра́ще - besser
17. но́мер - die Nummer
18. оскі́льки / тому́ що - weil, denn, da
19. пі́сля - nach
20. розумі́ти - verstehen
21. спи́сок - die Liste
22. тра́нспорт - der Transport
23. части́на - der Teil
24. чому́ - warum
25. шви́дко - schnell, швидки́й - schnelle(r)
26. ще оди́н - noch einen
27. щоде́нно / щодня́ - täglich, jeden Tag
28. я́щик - die Kiste

 B

Ро́берт хо́че зароби́ти тро́хи гро́шей (части́на 1)

У Ро́берта є ві́льний час щодня́ пі́сля університе́ту. Він хо́че зароби́ти тро́хи гро́шей. Він іде́ в аге́нтство з працевлаштува́ння. Йому́ даю́ть адре́су тра́нспортної фі́рми. Тра́нспортній фі́рмі «Рапі́д» потрі́бен ванта́жник. Ця робо́та спра́вді важка́. Але́ вони́ пла́тять 60 гри́вень за годи́ну. Ро́берт хо́че отри́мати цю робо́ту. Тому́ він іде́ в о́фіс тра́нспортної фі́рми.

«Добри́день. У ме́не є для Вас запи́ска від аге́нтства з працевлаштува́ння», - говори́ть Ро́берт жі́нці у ві́дділі ка́дрів ціє́ї фі́рми. Він дає́ їй запи́ску.

«Добри́день, - говори́ть жі́нка. - Мене́

Robert will ein bisschen Geld verdienen (Teil 1)

Robert hat jeden Tag nach der Universität freie Zeit. Er will ein bisschen Geld verdienen. Er geht in eine Arbeitsvermittlung. Sie geben ihm die Adresse einer Transportfirma. Die Transportfirma Rapid braucht einen Verlader. Diese Arbeit ist wirklich schwer. Aber sie bezahlen 60 Hrywnja pro Stunde. Robert will den Job annehmen. Also geht er zum Büro der Transportfirma.

„Hallo. Ich habe eine Notiz für Sie von einer Arbeitsvermittlung", sagt Robert zu einer Frau in der Personalabteilung der Firma. Er gibt ihr die Notiz.

звáти Світлáна Вéліна. Я керівни́к відділу кáдрів. Як Вáше ім'я?»

«Менé звýть Рóберт Гéншер», - говóрить Рóберт.

«Ви не украї́нець?» - питáє Світлáна.

«Ні. Я німець», - відповідáє Рóберт.

«Чи мóжете Ви дóбре говори́ти й читáти украї́нською?» - питáє вонá.

«Так», - говóрить він.

«Рóберте, скі́льки тобí рокíв?» - питáє вонá.

«Менí двáдцять рокíв», - відповідáє Рóберт.

«Ти хóчеш працювáти в трáнспортній фíрмі вантáжником. Чомý вантáжником?» - питáє йогó керівни́к відділу кáдрів.

Рóберту сóромно сказáти, що він не мóже отри́мати крáщу робóту, томý що не говóрить украї́нською мóвою дóбре. Томý він кáже: «Я хóчу заробля́ти 60 гри́вень за годи́ну».

«Так-так, - говóрить Світлáна. - На нáшій трáнспортній фíрмі зазвичáй небагáто вантáжної робóти. Однáк зáраз нам дíйсно потрíбен ще оди́н вантáжник. Чи мóжеш ти шви́дко вантáжити я́щики з 20 кілогрáмами вантажý?»

„Hallo", sagt die Frau. „Ich bin Swetlana Welina. Ich bin die Leiterin der Personalabteilung. Wie heißen Sie?"

„Ich heiße Robert Genscher", sagt Robert.

„Sind Sie Ukrainer?", fragt Swetlana.

„Nein, ich bin Deutscher", antwortet Robert.

„Können Sie gut Ukrainisch sprechen und schreiben?", fragt sie.

„Ja", sagt er.

„Wie alt sind Sie?", fragt sie.

„Ich bin zwanzig", antwortet Robert.

„ Sie wollen in der Transportfirma als Verlader arbeiten. Warum denn ausgerechnet als Verlader?", fragt ihn die Leiterin der Personalabteilung.

Robert schämt sich, zu sagen, dass er keine bessere Arbeit haben kann, weil er nicht gut Ukrainisch spricht. Deswegen sagt er: „Ich möchte 60 Hrywnja pro Stunde verdienen."

„Na gut", sagt Swetlana. „Normalerweise hat unsere Transportfirma nicht viel Verladearbeit. Aber gerade brauchen wir wirklich noch einen Verlader. Können Sie schnell Kisten mit 20 Kilogramm Ladung verladen?"

«Так. У ме́не бага́то ене́ргії», - відповіда́є Ро́берт.

«Нам потрі́бен ванта́жник щодня́ на три годи́ни. Чи мо́жеш ти працюва́ти з четве́ртої до сьо́мої годи́ни?» - запи́тує вона́.

«Так, мої заня́ття закі́нчуються о пе́ршій», - відповіда́є їй студе́нт.

«Коли́ ти мо́жеш поча́ти робо́ту?» - запи́тує його́ керівни́к ві́дділу ка́дрів.

«Я мо́жу поча́ти за́раз», - відповіда́є Ро́берт.

«Ну що ж. Подиви́ся на цей наванта́жний спи́сок. У спи́ску на́зви де́кількох фірм і крамни́ць, - поя́снює Світла́на, - ко́жна фі́рма й крамни́ця ма́ють кі́лька номері́в. Це - номери́ я́щиків. А це номери́ вантажі́вок, куди́ ти пови́нен заванта́жити ці я́щики. Вантажі́вки приїжджа́ють і ї́дуть щогоди́ни. Тому́ тобі́ тре́ба працюва́ти шви́дко. Зрозумі́ло?»

«Зрозумі́ло», - відповіда́є Ро́берт, не ду́же до́бре розумі́ючи Світла́ну.

«Тепе́р бери́ цей ванта́жний лист і йди до ванта́жних двере́й но́мер три», - гово́рить Ро́берту керівни́к ві́дділу ка́дрів. Ро́берт бере́ ванта́жний лист і йде працюва́ти.

(да́лі бу́де)

„Ja, das kann ich. Ich habe viel Energie", antwortet Robert.

„Wir brauchen einen Verlader für drei Stunden täglich. Können Sie von vier bis sieben Uhr arbeiten?", fragt sie.

„Ja, mein Unterricht endet um ein Uhr", antwortet der Student.

„Wann können Sie anfangen, zu arbeiten?", fragt ihn die Leiterin der Personalabteilung.

„Ich kann jetzt anfangen", erwidert Robert.

„Gut. Schauen Sie sich diese Ladeliste an. Dort stehen Namen von Firmen und Läden", erklärt Swetlana. „Bei jeder Firma und jedem Laden stehen ein paar Nummern. Das sind die Nummern der Kisten. Und das sind die Nummern der Lastwägen, auf die Sie die Kisten laden müssen. Die Lastwägen kommen und gehen stündlich. Sie müssen also schnell arbeiten. Alles klar?"

„Alles klar", antwortet Robert, ohne Swetlana richtig zu verstehen.

„Nehmen Sie jetzt diese Ladeliste und gehen Sie zur Ladetür Nummer drei", sagt die Leiterin der Personalabteilung zu Robert. Robert nimmt die Ladeliste und geht arbeiten.

(Fortsetzung folgt)

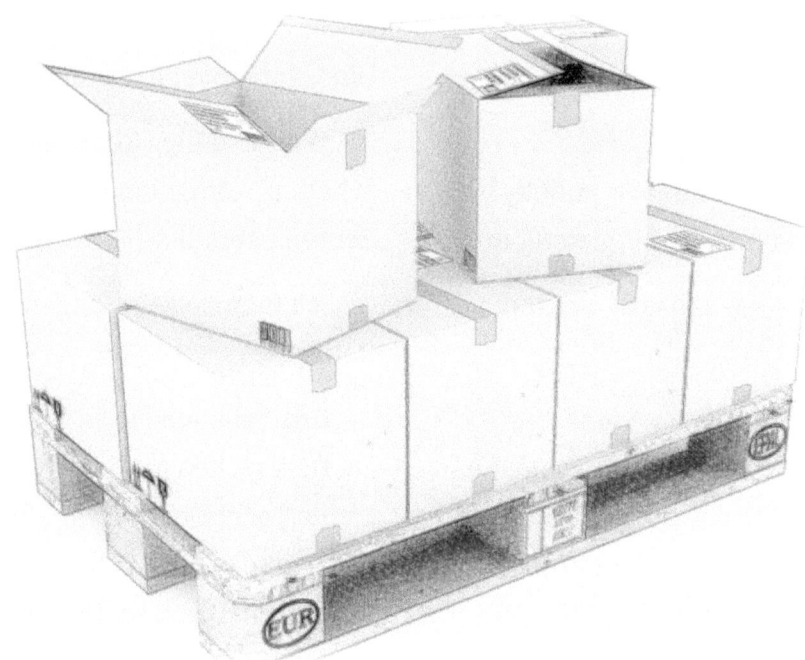

12

Póберт хóче заробити трóхи грóшей (частина 2)

Robert will ein bisschen Geld verdienen (Teil 2)

 A

Словá

Vokabeln

1. водити - fahren, водíй - der Fahrer
2. встава́ти - aufstehen; Встава́й! - Steh auf!
3. гара́зд, дóбре - gut, alles klar
4. дохíд, прибу́ток - das Einkommen
5. ж, же - doch, ja, aber; Візьмíть же цю кни́гу. - Nehmen Sie doch dieses Buch.
6. жалкува́ти - leid tun; Я жалку́ю. - Es tut mir leid.
7. жаль, шкóда (+Dative) - leid tun; Менí шкóда. - Es tut mir leid.

8. зáмість - anstelle von; зáмість тéбе - an deiner Stelle

9. знайóмитися - kennenlernen; Рáдий(а) з Вáми познайóмитися. - Ich bin froh Sie kennenzulernen.

10. зустрічáти(ся) - treffen, kennenlernen

11. йти / ітú- gehen

12. їх - ihr

13. мáма - Mama, die Mutter

14. назáд - zurück

15. ненáвидіти - hassen

16. непрáвильно - falsch; виправлáти - korrigieren

17. пан - Herr; пан Іванóв - Hr. Iwanow

18. повертáтися - zurückkommen

19. погáний - schlecht

20. понедíлок - Montag

21. порá, час - es ist an die Zeit, es ist soweit

22. прáвильний - richtig(er); прáвильно - richtig

23. привóзити - bringen; привóзячи - bringend

24. причúна - der Grund

25. рáдий - froh

26. син - der Sohn

27. твíй - dein (Possessiv), ваш - euer, Ваш - Ihr

28. тут - hier (Ort), сюдú - hierher (Richtung), ось / от - hier ist / sind

29. учúтель / вчúтель- der Lehrer

 B

Рóберт хóче заробúти трóхи грóшей (частúна 2)

Біля вантáжних дверéй нóмер три - багáто вантажíвок. Вонú повертáються, привóзячи назáд свої вантажí. Керівнúк відділу кáдрів і керівнúк фíрми прихóдять тудú. Вонú підхóдять до Рóберта. Рóберт вантáжить áщики у вантажíвку. Він працює швúдко.

«Ей, Рóберте! Підійдú сюдú, будь

Robert will ein bisschen Geld verdienen (Teil 2)

An der Ladetür Nummer 3 stehen viele Lastwagen. Sie kommen mit ihrer Ladung zurück. Die Leiterin der Personalabteilung und der Firmenchef kommen dorthin. Sie gehen zu Robert. Robert lädt Kisten in einen Lastwagen. Er arbeitet schnell.

„Hey, Robert! Komm bitte hierher",

ласка, - гукáє йогó Світлáна. - Це керівни́к фíрми пан Дохóд».

«Рáдий з Вáми познайóмитися», - кáже Рóберт, підхóдячи до них.

«Я теж, - відповідáє пан Дохóд. - Де твій вантáжний спи́сок?»

«Ось він», - Рóберт даé йомý вантáжний спи́сок.

«Так-так, - кáже пан Дохóд, ди́влячись у спи́сок, - подиви́ся на ці вантажíвки. Вони́ вертáються, привóзячи назáд свої вантажí, томý що ти вантáжиш я́щики непрáвильно. Я́щики з кни́гами íдуть у мéблеву крамни́цю зáмість книгáрні, я́щики з відеокасéтами й DVD íдуть у кафé зáмість відеокрамни́ці, а корóбки з бутербрóдами íдуть у відеокрамни́цю зáмість кафé! Це погáна робóта!» «Менí шкóда, алé ти не мóжеш працювáти на нáшій фíрмі», - кáже пан Дохóд і йде назáд в óфіс.

Рóберт не мóже вантáжити я́щики прáвильно, томý що він мóже прочитáти й зрозумíти дýже мáло украї́нських слів. Світлáна ди́виться на ньóго. Рóберту сóромно.

«Рóберте, ти мóжеш ви́вчити украї́нську мóву крáще й пóтім прийти́ знóву. Дóбре?» - кáже Світлáна.

«Дóбре, - відповідáє Рóберт. - До

ruft Swetlana. „Das ist der Chef der Firma, Hr. Dochod."

„Es freut mich, Sie kennenzulernen", sagt Robert auf sie zugehend.

„Mich auch", antwortet Hr. Dochod. „Wo ist Ihre Ladeliste?"

„Hier ist sie", Robert gibt ihm die Ladeliste.

„Na gut", sagt Hr. Dochod, während er auf die Liste schaut. „Sehen Sie diese Lastwagen an. Sie bringen ihre Fracht zurück, weil Sie die Kisten falsch verladen haben. Die Kisten mit Büchern werden zu einem Möbelladen gebracht anstelle von einem Buchladen, die Kisten mit Videos und DVDs zu einem Café anstelle von einer Videothek und die Kisten mit Sandwiches zu einer Videothek anstelle von einem Café! Das ist schlechte Arbeit! Es tut mir leid, aber Sie können nicht in unserer Firma arbeiten", sagt Herr Dochod und geht zurück in sein Büro.

Robert kann die Kisten nicht richtig verladen, weil er nur sehr wenig Ukrainisch lesen und verstehen kann. Swetlana schaut ihn an. Robert schämt sich.

„Robert, du kannst dein Ukrainisch verbessern und dann wiederkommen, ok?", sagt Swetlana.

побáчення, Світлáно».

«До побáчення, Рóберте», - відповідáє Світлáна.

Рóберт ідé додóму. Він тепéр хóче вúвчити украї́нську мóву крáще й пóтім отрúмати новý робóту.

Настáв час іти́ в університéт

У понедíлок врáнці мáма захóдить у кімнáту розбудúти свого́ си́на.

«Вставáй, сьóма годúна. Настáв час іти́ в університéт!»

«Алé чомý, мáмо? Я не хóчу йти».

«Назвú менí дві причúни, чомý ти не хóчеш іти́», - кáже мáма си́нові.

«Студéнти ненáвидять менé - раз, і вчителí ненáвидять менé теж!»

«Ах, це не причúни не йти в університéт. Вставáй!»

«Гарáзд. Назвú менí дві причúни, чомý я повúнен іти́ в університéт», - кáже він свої́й мáмі.

«Ну, по-пéрше, тобí 55 рóків. А по-дрýге, ти керівни́к університéту! Вставáй зáраз же!»

„Ok", antwortet Robert. „Tschüss Swetlana".

„Tschüss Robert", antwortet Swetlana.

Robert geht nach Hause. Er will jetzt sein Ukrainisch verbessern und sich dann eine neue Arbeit suchen.

Es ist an der Zeit, in die Uni zu gehen

An einem Montagmorgen kommt eine Mutter ins Zimmer, um ihren Sohn aufzuwecken.

„Steh auf, es ist sieben Uhr. Es ist an der Zeit, in die Uni zu gehen!"

„Aber warum, Mama? Ich will nicht gehen."

„Nenne mir zwei Gründe, warum du nicht gehen willst", sagt die Mutter zu ihrem Sohn.

„Die Studenten hassen mich und die Lehrer auch!"

„Oh, das sind keine Gründe, um nicht in die Uni zu gehen. Steh auf!"

„Ok. Nenn mir zwei Gründe, warum ich in die Uni muss", sagt er zu seiner Mutter.

„Gut, einerseits, weil du 55 Jahre alt bist. Und andererseits, weil du der Direktor der Universität bist! Steh jetzt auf!"

Fortgeschrittene Anfänger Stufe A2

13

Назва готелю

Der Name des Hotels

A

Словá

1. бáчити - sehen
2. будíвля - das Gebäude
3. вéчiр - der Abend
4. вже, ужé - schon
5. відкривáти, відчиняти - öffnen
6. вниз - nach unten
7. водíй таксí - der Taxifahrer
8. втóмлений - müde
9. геть - weg
10. дивувáти - überraschen
11. дурнúй - dumm
12. (з)находити - finden
13. з, iз, вiд - von, aus
14. здивóваний - überrascht, verwundert
15. здивувáння - die Überraschung
16. знóву - wieder
17. зупиняти(ся) - anhalten
18. йти / iтú - gehen

19. і́нший - ein anderer, eine andere, ein anderes
20. Ка́спер - Kasper (Name)
21. кра́щий - beste
22. ліфт - der Aufzug
23. міст - die Brücke
24. навко́ло - rund
25. над - über
26. назо́вні - nach draussen
27. Німе́ччина - der Deutschland
28. ніч - die Nacht
29. о́зеро - der See
30. пі́шки - zu Fuß
31. повз, ми́мо - vorbei
32. пока́зувати - zeigen
33. посміха́тися - lächeln
34. по́смішка - das Lächeln
35. по́тім - dann
36. рекла́ма - die Werbung
37. серди́тий - wütend
38. спа́ти - schlafen
39. стоя́ти - stehen
40. ступня́ - der Fuß
41. таксі́ - das Taxi
42. тепе́р, ни́ні, са́ме - jetzt, zurzeit, gerade
43. Форд - Ford
44. че́рез - hindurch
45. шлях - der Weg

 B

Ná́зва готе́лю

Це студе́нт. Його́ зва́ти Ка́спер. Ка́спер з По́льщі. Він не вмі́є говори́ти по-украї́нськи. Він хо́че вчи́ти украї́нську мо́ву в університе́ті в Украї́ні. За́раз Ка́спер живе́ в готе́лі в Оде́сі.

Він за́раз у свої́й кімна́ті. Він ди́виться на ка́рту. Це ду́же га́рна ка́рта. Ка́спер ба́чить на ка́рті ву́лиці, пло́щі й крамни́ці. Він вихо́дить із кімна́ти і йде по коридо́ру до лі́фта. Ліфт опуска́є його́ вниз. Ка́спер

Der Name des Hotels

Das ist ein Student. Er heißt Kasper. Kasper kommt aus Polen. Er spricht kein Ukrainisch. Er will an einer Universität in der Ukraine Ukrainisch lernen. Kasper wohnt zurzeit in einem Hotel in Odessa.

Gerade ist er in seinem Zimmer. Er schaut auf die Karte. Diese Karte ist sehr gut. Kasper sieht Straßen, Plätze und Läden auf der Karte. Er geht aus dem Zimmer und durch den langen Gang zum Aufzug. Der Aufzug bringt ihn nach unten.

проходить че́рез вели́кий хол і вихо́дить із готе́лю. Він зупиня́ється бі́ля готе́лю й запи́сує на́зву готе́лю у свою́ записну́ кни́жку.

Бі́ля готе́лю знахо́диться кру́гла пло́ща й о́зеро. Ка́спер іде́ че́рез пло́щу до о́зера. Він іде́ навко́ло о́зера до мо́сту. Бага́то легкови́х автомобі́лів, вантажі́вок і пішохо́дів іду́ть че́рез міст. Ка́спер прохо́дить під мосто́м. По́тім він іде́ по ву́лиці до це́нтру мі́ста. Він прохо́дить повз га́рні буди́нки.

Вже́ ве́чір. Ка́спер втоми́вся. Він хо́че йти наза́д до готе́лю. Він зупиня́є таксі́, по́тім відкрива́є свій блокно́т і пока́зує на́зву готе́лю такси́сту. Такси́ст ди́виться в блокно́т, посміха́ється та від'їжджа́є. Ка́спер не мо́же цьо́го зрозумі́ти. Він стої́ть і ди́виться у свій блокно́т. По́тім він зупиня́є і́нше таксі́ та зно́ву пока́зує такси́сту на́зву готе́лю. Такси́ст ди́виться в блокно́т. По́тім він ди́виться на Ка́спера, посміха́ється й теж від'їжджа́є. Ка́спер дину́ється. Він зупиня́є і́нше таксі́. Але́ це таксі́ теж і́де геть. Ка́спер нічо́го не мо́же зрозумі́ти. Він здиво́ваний і розлю́чений. Але́ він не дурни́й. Він відкрива́є свою́ ка́рту та знахо́дить шлях до готе́лю. Він прихо́дить наза́д в

Kasper geht durch die große Halle und aus dem Hotel. Er hält in der Nähe des Hotels an und schreibt den Namen des Hotels in sein Notizbuch.

Beim Hotel gibt es einen runden Platz und einen See. Kasper geht über den Platz zum See. Er geht um den See zur Brücke. Viele Autos, Lastwägen und Menschen überqueren die Brücke. Kasper geht unter der Brücke hindurch. Dann geht er eine Straße entlang zum Stadtzentrum. Er geht an vielen schönen Gebäuden vorbei.

Es ist schon Abend. Kasper ist müde und will zurück ins Hotel gehen. Er hält ein Taxi an, öffnet dann sein Notizbuch und zeigt dem Taxifahrer den Namen des Hotels. Der Taxifahrer schaut in das Notizbuch, lächelt und fährt weg. Kasper versteht nichts. Er steht da und schaut in sein Notizbuch. Dann hält er ein anderes Taxi an und zeigt dem Taxifahrer wieder den Namen des Hotels. Der Fahrer schaut in das Notizbuch. Dann schaut er Kasper an, lächelt und fährt auch weg. Kasper ist verwundert. Er hält ein anderes Taxi an. Aber auch dieser Taxifahrer fährt weg. Kasper kann das nicht verstehen. Er ist verwundert und wütend. Aber er ist nicht dumm. Er öffnet seine Karte und findet den Weg zum Hotel. Er kehrt zu Fuß zum Hotel

готе́ль пі́шки.

Ніч. Ка́спер у своє́му лі́жку. Він спить. В кімна́ту че́рез вікно́ ди́вляться зо́рі. Блокно́т на столі́. Він відкри́тий. «Форд - найкра́щий автомобі́ль». Це не на́зва готе́лю. Це рекла́ма на буді́влі готе́лю.

zurück.

Es ist Nacht. Kasper ist in seinem Bett. Er schläft. Die Sterne schauen durch das Fenster ins Zimmer. Das Notizbuch liegt auf dem Tisch. Es ist offen. „Ford ist das beste Auto". Das ist nicht der Name des Hotels. Das ist Werbung am Hotelgebäude.

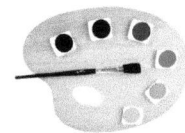

14

Аспірин

Aspirin

A

Слова

1. аптека - die Apotheke
2. аркуш - das Blatt
3. аспірин - das Aspirin
4. білий - weiß
5. годинник - die Uhr
6. гуртожиток - das Studentenwohnheim
7. десять - zehn
8. дивовижний, чудовий - wunderbar
9. думати, міркувати, гадати - denken
10. задача - die Aufgabe
11. звичайно, авжеж, зрозуміло - natürlich
12. кілька/декілька, небагато - einige
13. класна кімната - das Klassenzimmer
14. кристал - das Kristall
15. минулий - vorige, letzte
16. намагатися - versuchen
17. нарешті - schließlich
18. о - um, о першій годині - um eins
19. отримати - (etwas) erhalten

20. папір - das Papier

21. перéрва - die Pause

22. письмóвий стіл - der Schreibtisch

23. пів на дев'яту - halb neun

24. пíсля - nach

25. половúна - halb

26. прóбувати - versuchen

27. прóтягом - im Verlauf, während

28. розýмний, кмітлúвий, метикóваний - intelligent

29. сідáти - sich hinsetzen

30. сíрий - grau

31. склáсти іспит - eine Prüfung bestehen

32. смердючий - stinkend

33. таблéтка, пігýлка - die Tablette

34. тест - die Prüfung

35. тестувáти - prüfen

36. томý - deshalb

37. тривáти - dauern

38. хімíчний - chemisch; хімікáти - die Chemikalien

39. хíмія - die Chemie

40. хлóпець, пáрубок - der Junge

41. чáсто - oft

42. чéрез, за - in; за дві годúни - in zwei Stunden

43. що - dass; Я знáю, що вонá украʹнка. - Ich weiss, dass sie ist Ukrainerin.

44. щось, дéщо - etwas

 B

Аспірúн

Це друг Рóберта. Йогó звуть Крíстіан. Крíстіан з Норвéгії. Норвéзька мóва - йогó рíдна. Він мóже говорúти по-украʹнськи тéж дýже дóбре. Крíстіан живé в гуртóжитку. Крíстіан зáраз у своʹй кімнáті. У Крíстіана сьогóдні тест із хíмії. Він дúвиться на свій годúнник. Вóсьма годúна. Настáв час ітú. Крíстіан вихóдить на вýлицю. Він ідé в університéт. Університéт біля гуртóжитку. Дорóга до університéту займáє у ньóго дéсять хвилúн. Крíстіан підхóдить до кабінéту хíмії. Він відчиняє

Aspirin

Das ist ein Freund von Robert. Er heißt Kristian. Kristian kommt aus Norwegen. Seine Muttersprache ist Norwegisch. Er spricht auch sehr gut Ukrainisch. Kristian wohnt im Studentenwohnheim. Kristian ist gerade in seinem Zimmer. Kristian hat heute eine Prüfung in Chemie. Er schaut auf die Uhr. Es ist acht Uhr. Es ist an der Zeit, zu gehen. Kristian geht nach draußen. Er geht zur Universität. Die Uni ist in der Nähe des Wohnheims. Er braucht etwa zehn Minuten bis zur Uni. Kristian kommt zum Klassenzimmer. Er

двéрі й загляда́є в кабіне́т. Там кі́лька студéнтів і виклада́ч. Крíстіан захо́дить у кабіне́т.

«Здра́стуйте», - гово́рить він.

«Здра́стуйте», - відповіда́ють студéнти й виклада́ч.

Крíстіан іде́ до сво́го стола́ й сіда́є. Тест із хíмії почина́ється о пів на дев'я́ту. Виклада́ч підхо́дить до стола́ Крíстіана.

«Ось твоя́ зада́ча», - гово́рить виклада́ч. Він дає́ Крíстіану а́ркуш папéру із зада́чею. «Ти пови́нен одержати аспіри́н. Ти мо́жеш працюва́ти з пів на дев'я́ту до двана́дцятої годи́ни. Будь ла́ска, почина́й», - гово́рить виклада́ч.

Крíстіан зна́є цю зада́чу. Він бере́ де́які хіміка́ти й почина́є. Він працю́є де́сять хвили́н. Нарéшті він одéржує щось сíре й смердю́че. Це не га́рний аспіри́н. Крíстіан зна́є, що він пови́нен одéржати вели́кі бíлі криста́ли аспіри́ну. Тоді́ він про́бує зно́ву та зно́ву. Крíстіан працю́є про́тягом годи́ни, але́ він зно́ву одéржує щось сíре й смердю́че. Крíстіан розлю́чений і вто́млений. Він не мо́же зрозумíти цього́. Він зупиня́ється й тро́хи мірку́є. Крíстіан кмітли́вий хло́пець. Він мірку́є одну́ хвили́ну й по́тім знахо́дить відпо́відь! Він встає́.

öffnet die Tür und schaut ins Klassenzimmer. Einige Studenten und der Lehrer sind da. Kristian betritt das Klassenzimmer.

„Hallo", sagt er.

„Hallo", antworten der Lehrer und die Studenten.

Kristian geht zu seinem Schreibtisch und setzt sich hin. Die Prüfung beginnt um halb neun. Der Lehrer kommt zu Kristians Tisch.

„Hier ist deine Aufgabe", sagt der Lehrer. Dann gibt er Kristian ein Blatt Papier mit der Aufgabe. „Du musst Aspirin herstellen. Du kannst von halb neun bis zwölf Uhr arbeiten. Fang bitte an", sagt der Lehrer.

Kristian weiß, wie diese Aufgabe geht. Er nimmt einige Chemikalien und beginnt. Er arbeitet zehn Minuten lang. Schließlich erhält er etwas Graues und Stinkendes. Das ist nicht gutes Aspirin. Kristian weiß, dass er große, weiße Aspirinkristalle erhalten muss. Dann versucht er es wieder und wieder. Kristian arbeitet eine Stunde lang, aber das Ergebnis ist wieder grau und stinkend. Kristian ist wütend und müde. Er kann es nicht verstehen. Er macht eine Pause und denkt ein bisschen nach. Kristian ist intelligent. Er denkt ein paar Minuten nach und findet dann die

«Мо́жна зроби́ти пере́рву на де́сять хвили́н?» - запи́тує Крі́стіан викладача́.

«Авже́ж мо́жна», - відповіда́є виклада́ч.

Крі́стіан вихо́дить. Він знахо́дить апте́ку бі́ля університе́ту. Він захо́дить і купу́є кі́лька табле́ток аспіри́ну. За де́сять хвили́н він поверта́ється наза́д у кабіне́т. Студе́нти сидя́ть і працю́ють. Крі́стіан сіда́є.

«Мо́жу я закі́нчити тест?» - гово́рить Крі́стіан викладаче́ві за п'ять хвили́н.

Виклада́ч підхо́дить до стола́ Крі́стіана. Він ба́чить вели́кі бі́лі криста́ли аспіри́ну. Виклада́ч зупиня́ється в по́диві. Хвили́ну він стої́ть і ди́виться на аспіри́н.

«Це дивови́жно… Твій аспіри́н таки́й га́рний! Я не мо́жу цьо́го зрозумі́ти! Я ча́сто намага́юся оде́ржати аспіри́н, але́ оде́ржую ті́льки щось сі́ре та смердю́че, - гово́рить виклада́ч. - Ти пройшо́в тест», - гово́рить він.

Крі́стіан йде пі́сля те́сту. Виклада́ч ба́чить щось бі́ле бі́ля стола́ Крі́стіана. Він підхо́дить до стола́ й знахо́дить папіре́ць від табле́ток аспіри́ну.

«Кмітли́вий хло́пець. Гара́зд, Крі́стіане. Тепе́р у те́бе пробле́ма», - гово́рить виклада́ч.

Lösung! Er steht auf.

„Kann ich zehn Minuten Pause machen?", fragt er den Lehrer.

„Ja, natürlich", antwortet der Lehrer.

Kristian geht nach draußen. Er findet eine Apotheke in der Nähe der Uni. Er geht hinein und kauft ein paar Tabletten Aspirin. Nach zehn Minuten kommt er zurück ins Klassenzimmer. Die Studenten sitzen da und arbeiten. Kristian setzt sich hin.

„Kann ich die Prüfung beenden?", fragt Kristian den Lehrer nach fünf Minuten.

Der Lehrer kommt zu Kristians Tisch. Er sieht große, weiße Aspirinkristalle. Der Lehrer ist überrascht. Er bleibt stehen und schaut eine Weile auf das Aspirin.

„Wunderbar! Dein Aspirin ist gut! Aber ich kann das nicht verstehen! Ich versuche oft, Aspirin herzustellen, aber alles, was ich herausbekomme, ist grau und stinkt", sagt der Lehrer. „Du hast die Prüfung bestanden".

Kristian geht nach der Prüfung weg. Der Lehrer sieht etwas Weißes auf Kristians Tisch. Er geht zum Tisch und findet das Papier der Aspirintabletten.

„Intelligenter Junge. Gut, Kristian, jetzt hast du ein Problem", sagt der Lehrer.

15

Áня і кенгурý

Anya und das Känguru

 A

Словá

1. бúти, вдáрити / ударити - schlagen
2. бíдний - arm
3. відрó - der Eimer
4. водá - das Wasser
5. волосся - das Haar
6. вýхо - das Ohr
7. давáй, давáйте (Pl) - lass uns

8. дістáти / діставáти - erreichen, langen; herausziehen
9. дóбре - okay, gut
10. ей! - Hey!
11. зéбра - das Zebra
12. зоопáрк - der Zoo
13. йогó - sein, ihn
14. íграшка - das Spielzeug

15. кенгурý - das Känguru

16. кни́жкова шáфа - das Bücherregal

17. коли́ - wenn

18. кричáти - schreien, rufen

19. лев - der Löwe

20. літáти - fliegen

21. ля́лька - die Puppe

22. мáвпа - der Affe

23. менé / мені́ - mich / mir

24. мі́сяць - der Monat

25. мóкрий - nass

26. морóзиво - das Eis

27. нам / нас - uns (Dat.) / uns (Ak.)

28. несподі́ванка - Überraschung

29. О! - Oh!

30. олімпі́йський - olympisch

31. пáдати - fallen, падíння - der Fall

32. пéрший - der erste

33. плáкати - weinen

34. план - der Plan, планувáти - planen

35. (по)вести́ - füren, bringen j-n

36. пóвний - voll

37. рáзом - zusammen

38. рік - das Jahr

39. си́льно - stark, си́льний - stark

40. стікáти - ablaufen

41. сусíдній - der nächste

42. тигр - der Tiger

43. ти́хо - leise

44. тягну́ти - ziehen

45. учи́тися/вчи́тися - studieren

46. хвіст - der Schwanz

47. чіпля́тися до (+Dative) - ärgern

48. широ́кий - weit; ши́роко - weit

49. щасли́вий - glücklich

50. що - was; Що це? - Was ist das?

51. я бу́ду - Ich werde

52. Як спрáви? Як ся мáєш?- Wie geht es?

53. яки́й - welcher/welche/welches; Яки́й стіл? - Welcher Tisch?

B

Áня і кенгурý

Рóберт тепéр студéнт. Він навчáється в університéті. Він вивчáє українську мóву. Рóберт живé в гуртóжитку. Він живé в сусíдній із Крíстіаном кімнаті.

Рóберт зáраз у свóй кімнáті. Він берé

Ania und das Känguru

Robert ist jetzt Student. Er studiert an der Universität. Er studiert Ukrainisch. Robert wohnt im Studentenwohnheim. Er ist Kristians Nachbar.

Robert ist gerade in seinem Zimmer. Er nimmt sein Telefon und ruft seinen

телефóн і дзвóнить своєму дрýгові Паші.

«Аллó», - відповідáє на дзвінóк Пáша.

«Аллó, Пáшо. Це Рóберт. Як спрáви?» - говори́ть Рóберт.

«Здорóв, Рóберте. У мéне дóбре. Дя́кую. А як у тéбе спрáви?» - відповідáє Пáша.

«У мéне теж дóбре. Дя́кую. Я піду́ погуля́ти. Які́ плáни у тéбе на сьогóдні?» - говори́ть Рóберт.

«Моя́ сестрá Áня прóсить менé повести́ її в зоопáрк. Я зáраз поведу́ її туди́. Ході́мо рáзом із нáми», - говóрить Пáша.

«Дóбре. Я піду́ з вáми. Де ми зустрі́немося?» - відповідáє Рóберт.

«Давáй зустрі́немося на автóбусній зупи́нці Олі́мпік. І запитáй Крі́стіана, чи хóче він теж піти́ з нáми», - говóрить Пáша.

«Гарáзд. Бувáй», - відповідáє Рóберт.

«Побáчимося. Бувáй», - говóрить Пáша.

Пóтім Рóберт ідé в кімнáту Крі́стіана. Крі́стіан у свóїй кімнáті.

«Здорóв», - говóрить Рóберт.

«О, здорóв, Рóберте. Захóдь, будь лáска», - говóрить Крі́стіан. Рóберт

Freund Pascha an.

Pascha geht ans Telefon und sagt: „Hallo."

„Hallo Pascha. Ich bin es, Robert. Wie geht's dir?", sagt Robert.

„Hallo Robert. Mir geht's gut. Danke. Und dir?", antwortet Pascha.

„Mir geht's auch gut, danke. Ich werde einen Ausflug machen. Was hast du heute vor?", sagt Robert.

„Meine Schwester Ania will mit mir in den Zoo gehen. Ich werde jetzt mit ihr dorthin gehen. Lass uns zusammen gehen", sagt Pascha.

„Alles klar, ich komme mit. Wo treffen wir uns?", fragt Robert.

„Lass uns an der Bushaltestelle Olympic treffen. Und frag Kristian, ob er auch mitkommen will", sagt Pascha.

„Alles klar. Tschüss", antwortet Robert.

„Bis gleich", sagt Pascha.

Dann geht Robert zu Kristians Zimmer. Kristian ist in seinem Zimmer.

„Hallo", sagt Robert.

„Oh, hallo Robert. Komm rein", sagt Kristian. Robert betritt das Zimmer.

захо́дить.

«Я, Па́ша і його́ сестра́ підемо в зоопа́рк. Ходімо ра́зом із на́ми», - гово́рить Ро́берт.

«Авже́ж, я теж піду́!» - гово́рить Крі́стіан.

Ро́берт і Крі́стіан іду́ть на автобу́сну зупи́нку Олімпі́к. Вони́ ба́чать там Па́шу і його́ сестру́ А́ню.

Сестрі́ Па́ші тільки п'ять ро́ків. Вона́ мале́нька ді́вчинка, і вона́ спо́внена ене́ргії. Вона́ ду́же лю́бить тва́рин. Але́ А́ня ду́має, що тва́рини - це і́грашки. Тва́рини тіка́ють від не́ї, тому́ що вона́ ду́же чіпля́ється до них. Вона́ мо́же потягну́ти за хвіст або́ ву́хо, вда́рити руко́ю або́ і́грашкою. У А́ні вдо́ма є соба́ка й кіт. Коли́ А́ня вдо́ма, соба́ка спить під лі́жком, а кіт сиди́ть на ша́фі. Так вона́ не мо́же до них діста́ти.

А́ня, Па́ша, Ро́берт і Крі́стіан захо́дять в зоопа́рк. В зоопа́рку ду́же бага́то тва́рин. А́ня ду́же ра́да. Вона́ підбіга́є до ле́ва й ти́гра. Вона́ вдаря́є зе́бру свое́ю ля́лькою. Вона́ так си́льно тя́гне одну́ ма́впу за хвіст, що всі ма́впи з кри́ками тіка́ють. По́тім А́ня ба́чить кенгуру́. Кенгуру́ п'є во́ду з відра́. А́ня посміха́ється й ду́же тихе́нько підхо́дить до кенгуру́. А по́тім...

«Ей! Кенгуру-у-у́!!» - кричи́ть А́ня і

„Pascha, seine Schwester und ich gehen in den Zoo. Willst du mitkommen?", fragt Robert.

„Natürlich komme ich mit", sagt Kristian.

Robert und Kristian fahren bis zur Bushaltestelle Olympic. Dort sehen sie Pascha und seine Schwester Ania.

Paschas Schwester ist erst fünf. Sie ist ein kleines Mädchen und voller Energie. Sie mag Tiere sehr gerne. Aber Ania denkt, dass Tiere Spielzeug sind. Die Tiere rennen vor ihr weg, weil sie sie sehr ärgert. Sie zieht sie am Schwanz oder am Ohr, schlägt sie mit der Hand oder mit einem Spielzeug. Zuhause hat Ania einen Hund und eine Katze. Wenn Ania zuhause ist, sitzt der Hund unter dem Bett und die Katze auf dem Bücherregal. So kann Ania sie nicht kriegen.

Ania, Pascha, Robert und Kristian betreten den Zoo. Im Zoo gibt es sehr viele Tiere. Ania ist glücklich. Sie rennt zu den Löwen und Tigern. Sie schlägt das Zebra mit ihrer Puppe. Sie zieht so stark am Schwanz eines Affen, dass alle Affen schreiend wegrennen. Dann sieht Ania ein Känguru. Das Känguru trinkt Wasser aus einem Eimer. Ania lächelt und nähert sich dem Känguru langsam. Und dann...

„Hey!!! Kängruu-uu-uu!!", schreit Ania

тя́гне його́ за хвіст. Кенгуру́ ди́виться на А́ню ши́роко розплю́щеними очи́ма й так підстри́бує від несподі́ванки, що відро́ з водо́ю підліта́є вго́ру й па́дає на А́ню. Вода́ стіка́є по її́ воло́ссю, обли́ччю, су́кні. А́ня вся мо́кра .

«Ти пога́ний кенгуру́! Пога́ний!» - пла́че вона́.

Де́які лю́ди посміха́ються, а де́які гово́рять: «Бі́дна ді́вчинка». Па́ша веде́ А́ню додо́му.

«Ти не пови́нна чіпля́тися до твари́н», - гово́рить Па́ша й дає́ їй моро́зиво. А́ня їсть моро́зиво.

«Ну до́бре. Я не бу́ду гра́тися з вели́кими й серди́тими твари́нами. Я бу́ду гра́тися ті́льки з мале́нькими твари́нами», - ду́має А́ня. Вона́ зно́ву щасли́ва.

und zieht es am Schwanz. Das Känguru schaut Ania mit weit aufgerissenen Augen an. Vor Schreck macht es einen Satz, sodass der Wassereimer in die Luft fliegt und auf Ania fällt. Wasser läuft über ihr Haar, ihr Gesicht und ihr Kleid. Ania ist ganz nass.

„Du bist ein böses Känguru! Böse!", ruft sie.

Einige Leute lächeln und einige Leute sagen: „Armes Mädchen." Pascha bringt Ania nach Hause.

„Du darfst die Tiere nicht ärgern", sagt Pascha und gibt ihr ein Eis. Ania isst das Eis.

„Okay, ich werde nicht mehr mit sehr großen und wütenden Tieren spielen", denkt Ania. „Ich werde nur noch mit kleinen Tieren spielen." Sie ist wieder glücklich.

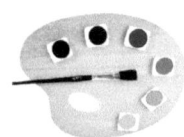

16

Парашути́сти

Die Fallschirmspringer

 A

Слова

1. авіашо́у - die Flugschau
2. брю́ки - die Hose
3. бу́де - wird; бу́дуть - werden; бу́ду - werde
4. вважа́ти - glauben
5. вигу́кувати - (aus)rufen
6. вла́сний - eigener, eigene, eigenes
7. всере́дину - in
8. глядачі́ - das Publikum
9. гу́ма - der Gummi
10. дах - das Dach
11. де́в'ять - neun
12. до ре́чі - übrigens
13. життя́ - das Leben

14. жо́втий - gelb
15. закрива́ти, зачиня́ти - schließen
16. зачепи́ти(ся) - sich anhaken, hängenbleiben
17. земля́ - Land
18. злови́ти - fangen
19. із, з - aus, von
20. і́нший - andere
21. клуб - der Verein
22. кома́нда - die Mannschaft
23. крім - außer, ausgenommen
24. ку́ртка - die Jacke
25. літа́к - das Flugzeug
26. лови́ти - fangen
27. мета́л, металє́вий - das Metall
28. мовчазни́й - leise
29. мовча́ти - schweigen; мо́вчки - schweigend
30. на ву́лицю - nach außen
31. над - über
32. нести́ - bringen
33. о́дяг - Kleidung
34. одяга́ти / одягну́ти - anziehen
35. одя́гнений, вбра́ний - gekleidet, angezogen
36. опу́дало парашути́ста - die Fallschirmspringerpuppe
37. па́даючий - fallend
38. парашу́т - der Fallschirm; парашути́ст - der Fallschirmspringer
39. піло́т - der Pilot
40. пі́сля - nach
41. пові́тря - die Luft
42. приготува́ти(ся) - vorbereiten (sich)
43. приземля́тися - landen
44. роби́ти - machen
45. рятува́ти - retten
46. Сергі́й - Sergey
47. серди́то - wütend
48. сиді́ння - der Sitz
49. сіда́ти - sich hinsetzen
50. спра́вжній - wirkliche
51. схо́дити з - aussteigen
52. тату́сь - Papa
53. ті́льки - nur
54. тренува́льний - trainiert
55. тренува́ти - trainieren
56. трюк - der Trick
57. трюк із рятува́ння життя́ - der Rettungstrick
58. уча́сник - das Mitglied
59. части́на - der Teil
60. черво́ний - rot
61. чудо́во - super, toll
62. штовха́ти - stoßen, ziehen
63. щоб - um .. zu ..
64. якщо́ - ob, wenn, falls

B

Парашути́сти

Ра́нок. Ро́берт іде́ в кімна́ту Крі́стіана. Крі́стіан сиди́ть за столо́м і щось пи́ше. Кіт Крі́стіана Фавори́т - на лі́жку. Він тихе́нько спить.

«Мо́жна увійти́?» - пита́є Ро́берт.

«А, Ро́берте. Заходь, будь ла́ска. Як спра́ви?» - гово́рить Крі́стіан.

«До́бре. Дя́кую. Як у те́бе?» - гово́рить Ро́берт.

«Прекра́сно. Дя́кую. Будь ла́ска, сіда́й», - відповіда́є Крі́стіан. Ро́берт сіда́є на стіле́ць.

«Ти зна́єш, що я уча́сник парашу́тного клу́бу. Сього́дні у нас бу́де авіашо́у, - гово́рить Ро́берт, - я роблю́ там кі́лька стрибкі́в».

«Це ду́же ціка́во, - відповіда́є Крі́стіан. - Я, мо́жливо, піду́ подиви́тися це авіашо́у».

«Якщо́ хо́чеш, я мо́жу взя́ти тебе́ туди́, і ти змо́жеш політа́ти на літаку́», - гово́рить Ро́берт.

«Пра́вда? Це бу́де здо́рово! - вигу́кує Крі́стіан, - о котрі́й годи́ні авіашо́у?»

«Воно́ почина́ється о деся́тій годи́ні ра́нку, - відповіда́є Ро́берт. - Па́ша теж

Die Fallschirmspringer

Es ist Morgen. Robert kommt in Kristians Zimmer. Kristian sitzt am Tisch und schreibt etwas. Kristians Katze Favorite sitzt auf Kristians Bett. Sie schläft ruhig.

„Kann ich reinkommen?", fragt Robert.

„Oh, Robert. Komm rein. Wie geht's dir?", antwortet Kristian.

„Gut, danke. Und dir?", sagt Robert.

„Danke, auch gut. Setz dich", antwortet Kristian. Robert setzt sich auf einen Stuhl.

„Du weißt doch, dass ich Mitglied in einem Fallschirmspringerverein bin. Wir haben heute eine Flugschau", sagt Robert. „Ich werde ein paar Sprünge machen".

„Das ist interessant", antwortet Kristian. „Ich komme vielleicht zuschauen."

„Wenn du willst, kann ich dich mitnehmen und du kannst in einem Flugzeug mitfliegen", sagt Robert.

„Echt? Das wäre super!", ruft Kristian. „Um wie viel Uhr ist die Flugschau?"

„Sie fängt um zehn Uhr morgens an", antwortet Robert. „Pascha kommt auch. Übrigens, wir brauchen Hilfe, eine

прийде́. До ре́чі, нам потрі́бна допомо́га, щоб ви́штовхнути опу́дало парашути́ста з літака́. Ти допомо́жеш?»

«Опу́дало парашути́ста? Наві́що?» - гово́рить Крі́стіан здиво́вано.

«Це, ба́чиш, части́на шоу,- гово́рить Ро́берт, - Це - трюк з рятува́ння життя́. Опу́дало парашути́ста па́дає вниз. У цей час спра́вжній парашути́ст підліта́є до ньо́го, хапа́є його́ й відкрива́є свій вла́сний параши́т. «Люди́на» вря́то́вана!»

«Здо́рово!» - відповіда́є Крі́стіан, «Я допоможу́. Ході́мо!»

Крі́стіан і Ро́берт вихо́дять на ву́лицю. Вони́ йду́ть на автобу́сну зупи́нку Олі́мпік і сіда́ють в автобу́с. Доро́га до авіашо́у займа́є ті́льки де́сять хвили́н. Коли́ вони́ схо́дять із автобу́са, вони́ ба́чать Па́шу.

«Здоро́в, Па́шо, - гово́рить Ро́берт. - Ході́мо до літака́».

Бі́ля літака́ вони́ ба́чать параши́тну кома́нду. Вони́ підхо́дять до керівника́ кома́нди. Керівни́к кома́нди одя́гнений у черво́ні штани́ й черво́ну ку́ртку.

«Здоро́в, Сергі́ю, - гово́рить Ро́берт. - Крі́стіан і Па́ша допомо́жуть з трю́ком із рятува́ння життя́».

«Гара́зд. Опу́дало парашути́ста тут», -

Fallschirmspringerpuppe aus dem Flugzeug zu werfen. Kannst du helfen?"

„Eine Fallschirmspringerpuppe? Warum?", fragt Kristian überrascht.

„Ach, weißt du, das ist ein Teil der Schau", sagt Robert. „Es ist ein Rettungstrick. Die Puppe fällt herunter. In dem Moment fliegt ein echter Fallschirmspringer zu ihr, fängt sie und öffnet seinen eigenen Fallschirm. Der ‚Mann' ist gerettet!"

„Toll!", antwortet Kristian. „Ich helfe. Lass uns gehen!"

Kristian und Robert gehen nach draußen. Sie kommen zur Bushaltestelle Olympic und nehmen einen Bus. Es dauert nur zehn Minuten bis zur Flugschau. Als sie aus dem Bus steigen, sehen sie Pascha.

„Hallo Pascha", sagt Robert. „Lass uns zum Flugzeug gehen."

Beim Flugzeug sehen sie eine Fallschirmspringermannschaft. Der Führer der Mannschaft hat eine rote Hose und eine rote Jacke an.

„Hallo Sergey", sagt Robert. „Kristian und Pascha helfen beim Rettungstrick."

„Okay. Hier ist die Puppe", sagt Sergey. Er gibt ihnen die Fallschirmspringerpuppe. Die Puppe

говóрить Сергíй. Він дає їм опýдало парашутúста. Опýдало парашутúста одя́гнене в червóні брюки й червóну кýртку.

«Він одя́гнений як Ви», - кáже Пáша, посміхáючись Сергíю.

«У нас немáє чáсу говорúти про це, - кáже Сергíй, - несíть йогó в цей літáк».

Крíстіан і Пáша несýть опýдало парашутúста в літáк. Вонú сідáють біля пілóта. Вся парашýтна комáнда, крім її керівникá, сідáє в літáк. Двéрі зачиня́ють. За п'ять хвилúн літáк ужé в повíтрі. Колú він пролітáє над Одéсою, Пáша бáчить свій влáсний будúнок.

«Дивúся! Там мій будúнок!» - вигýкує Пáша.

Крíстіан дúвиться чéрез вікнó на вýлиці, плóщі, пáрки мíста. Літáти на літакý - це дивовúжно.

«Приготувáтися до стрибкá!» - вигýкує пілóт. Парашутúсти встаю́ть. Двéрі відчиня́ють.

«Дéсять, дéв'ять, вíсім, сім, шість, п'ять, чотúри, три, два, одúн. Гáйда!» - вигýкує пілóт.

Парашутúсти починáють стрибáти з літакá. Глядачí внизý на землí бáчать червóні, зелéні, бíлі, сúні, жóвті парашýти. Це дýже гáрно! Сергíй,

trägt eine rote Hose und eine rote Jacke.

„Sie trägt die gleiche Kleidung wie du", sagt Pascha und grinst Sergey an.

„Wir haben keine Zeit, darüber zu reden", sagt Sergey. „Nehmt sie mit in dieses Flugzeug."

Kristian und Pascha bringen die Puppe ins Flugzeug. Sie setzen sich neben den Piloten. Die ganze Fallschirmspringermannschaft außer ihrem Führer besteigt das Flugzeug. Sie schließen die Tür. Nach fünf Minuten ist das Flugzeug in der Luft. Als es über Odessa fliegt, sieht Pascha sein Haus.

„Schau! Da ist mein Haus!", ruft Pascha.

Kristian schaut aus dem Fenster auf Straßen, Plätze und Parks. Es ist toll, in einem Flugzeug zu fliegen.

„Zum Sprung bereit machen!", ruft der Pilot. Die Fallschirmspringer stehen auf. Sie öffnen die Tür.

„Zehn, neun, acht, sieben, sechs, fünf, vier, drei, zwei, eins! Los!", ruft der Pilot.

Die Fallschirmspringer beginnen, aus dem Flugzeug zu springen. Das Publikum auf dem Boden sieht rote, grüne, weiße, blaue und gelbe Fallschirme. Es sieht sehr schön aus. Sergey, der Führer der Mannschaft, schaut auch nach oben. Die Fallschirmspringer fliegen nach unten

керівни́к парашу́тної кома́нди, теж ди́виться вго́ру. Парашути́сти летя́ть уни́з і де́які вже приземля́ються.

«Гара́зд. Га́рна робо́та, хло́пці», - говори́ть Сергі́й і йде в найбли́жче кафе́ ви́пити ка́ви. Авіашо́у трива́є.

«Приготува́тися до трю́ку з рятува́ння життя́!» - вигу́кує піло́т.

Па́ша та Крі́стіан несу́ть опу́дало парашути́ста до двере́й.

«Де́сять, де́в'ять, ві́сім, сім, шість, п'ять, чоти́ри, три, два, оди́н. Га́йда!» - вигу́кує піло́т.

Крі́стіан і Па́ша штовха́ють опу́дало парашути́ста у две́рі. Воно́ вихо́дить, але́ по́тім зупиня́ється. Його́ гу́мова рука́ зачіпля́ється за яку́сь метале́ву части́ну літака́.

«Ну́мо-ну́мо, хло́пці!» - кричи́ть піло́т.

Хло́пці штовха́ють опу́дало парашути́ста ду́же си́льно, але́ не мо́жуть ви́штовхнути його́.

Глядачі́ внизу́ на землі́ ба́чать парашути́ста, одя́гненого в черво́не, у дверя́х літака́. Дві і́нші люди́ни намага́ються ви́штовхнути його́. Лю́ди не мо́жуть пові́рити свої́м оча́м. Це трива́є приблизно хвили́ну. По́тім парашути́ст у черво́ному па́дає вниз. І́нший парашути́ст вистрибує з літака́ й

und einige landen bereits.

„Okay, gute Arbeit, Jungs", sagt Sergey und geht in ein Café in der Nähe, um Kaffee zu trinken. Die Flugschau geht weiter.

„Für den Rettungstrick bereit machen!", ruft der Pilot.

Pascha und Kristian bringen die Puppe zur Tür.

„Zehn, neun, acht, sieben, sechs, fünf, vier, drei, zwei, eins! Los!", ruft der Pilot.

Kristian und Pascha stoßen die Puppe aus der Tür. Sie fällt heraus, bleibt dann aber hängen. Ihre Gummihand ist an einem Metallteil des Flugzeugs hängen geblieben.

„Los, auf, Jungs!", ruft der Pilot.

Die Jungs ziehen mit aller Kraft an der Puppe, aber sie bekommen sie nicht los.

Das Publikum unten auf dem Boden sieht einen Mann in Rot gekleidet in der Flugzeugtür. Zwei andere Männer versuchen, ihn herauszustoßen. Die Leute trauen ihren Augen nicht. Es dauert etwa eine Minute. Dann fällt der Fallschirmspringer in Rot nach unten. Ein anderer Fallschirmspringer springt aus dem Flugzeug und versucht, ihn zu fangen. Aber er schafft es nicht. Der

намага́ється схопи́ти його́. Але він не мо́же цього́ зроби́ти. Парашути́ст у черво́ному па́дає вниз. Він па́дає крізь дах усере́дину кафе́. Глядачі́ мо́вчки ди́вляться. По́тім вони́ ба́чать, як чолові́к, одя́гнений у черво́не, вибіга́є з кафе́. Цей чолові́к у черво́ному - Сергі́й, керівни́к парашу́тної кома́нди. Але глядачі́ ду́мають, що він - парашути́ст, яки́й упа́в. Він ди́виться вго́ру й кричи́ть серди́то: «Якщо́ не мо́жеш злови́ти люди́ну, то й не бери́ся!»

Глядачі́ мовча́ть.

«Та́ту, цей чолові́к ду́же си́льний», - гово́рить мале́нька ді́вчинка своє́му та́тові.

«Він до́бре трено́ваний», - відповіда́є та́то.

Пі́сля авіашо́у Крі́стіан і Па́ша підхо́дять до Ро́берта.

«Ну, як на́ша рабо́та?» - пита́є Па́ша.

«Е… О, ду́же до́бре. Дя́кую», - відповіда́є Ро́берт.

«Якщо́ тобі́ ще потрі́бна допомо́га - ті́льки скажи́», - гово́рить Крі́стіан.

Fallschirmspringer in Rot fällt weiter. Er fällt durch das Dach in das Café. Das Publikum schaut schweigend zu. Dann sehen die Leute einen in rot gekleideten Mann aus dem Café rennen. Der Mann in Rot ist Sergey, der Führer der Fallschirmspingermannschaft. Aber das Publikum denkt, dass er der abgestürzte Fallschirmspringer ist. Er schaut nach oben und ruft wütend: „Wenn ihr einen Mann nicht fangen könnt, dann versucht es nicht!"

Das Publikum ist still.

„Papa, dieser Mann ist sehr stark", sagt ein kleines Mädchen zu ihrem Vater.

„Er ist gut trainiert", antwortet der Vater.

Nach der Flugschau gehen Pascha und Kristian zu Robert.

„Wie war unsere Arbeit?", fragt Pascha.

„Ähm...Oh, sehr gut. Danke", antwortet Robert.

„Wenn du Hilfe brauchst, sag es einfach", sagt Kristian.

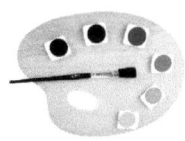

Вимкни газ!

Mach das Gas aus!

A

Словá

1. блідúй - blass
2. відчувáючи - fühlend
3. вмикáти - anmachen; вимикáти - ausmachen
4. вогóнь - das Feuer
5. все - alles
6. вýлиця Щóрса - Schiorsa Strasse
7. газ - das Gas
8. гóлос - die Stimme
9. двáдцять - zwanzig
10. дзвонúти - klingeln; дзвінóк - das Klingeln
11. дитсадóк - der Kindergarten
12. забýти - vergessen
13. завмéрти - erstarren
14. залізнúця - der Bahnhof
15. квитóк - die Fahrkarte
16. кіломéтр - der Kilometer
17. кíшечка - die Miezekatze
18. Колобóков - Kolobokov (Name)

19. кран - der Wasserhahn
20. момéнт - der Moment
21. нагрівáти - aufwärmen
22. накáзувати - befehlen
23. напóвнювати - füllen
24. не - nicht
25. негáйно - sofort
26. незнайóмий - fremd
27. несподíвано, зненáцька, рáптом - plötzlich
28. одинáдцять - elf
29. пéред тим, як - bevor
30. пíшки - zu Fuß
31. пóїзд - der Zug
32. пóряд - nahe
33. ретéльний - sorgfältig
34. розповсюджувати - übergreifen

35. секретáр - die Sekretärin
36. сóрок чотúри - vierundvierzig
37. стáвити - stellen; клáсти - liegen
38. стáнція - station
46. стопá - der Fuß
39. телефóнна трýбка, слýхавка - der Telefonhörer
40. тéплий - warm
41. тим чáсом - in der Zwischenzeit
42. томý - deswegen
43. хíтрий - schlauer; хíтро - schlau
44. хто, котрúй - wer
45. чáйник - der Kessel
46. швидкúй - schnelle; швúдко - schnell
47. що мéшкає, котрúй мéшкає - wohnhaft

 В

Вúмкни газ!

Сьóма годúна рáнку. Пáша й Áня сплять. Їхня мáма на кýхні. Мáму звýть Люба. Мáмі сóрок чотúри рóки. Вонá - дбайлúва жíнка. Пéред тим, як ітú на робóту, Люба прибирáє на кýхні. Вонá секретáр. Вонá працює за двáдцять кіломéтрів від Одéси. Люба зазвичáй їздить на робóту на пóїзді.

Залізнúчна станція недалéко, томý Люба йде тудú пíшки. Вона купýє

Mach das Gas aus!

Es ist sieben Uhr morgens. Pascha und Ania schlafen. Ihre Mutter ist in der Küche. Die Mutter heißt Luba. Luba ist vierundvierzig. Sie ist eine sorgfältige Frau. Luba putzt die Küche, bevor sie zur Arbeit geht. Sie ist Sekretärin. Sie arbeitet zwanzig Kilometer außerhalb von Odessa. Luba fährt normalerweise mit dem Zug zur Arbeit.

Sie geht nach draußen. Der Bahnhof ist

квито́к і сіда́є в поїзд. Доро́га до робо́ти займа́є приблизно два́дцять хвили́н. Лю́ба сиди́ть у по́їзді й ди́виться у вікно́. Ра́птом вона́ завмира́є. Ча́йник! Він стої́ть на плиті́, і вона́ забу́ла ви́мкнути газ! Па́ша й А́ня спля́ть. Вого́нь мо́же поши́ритися на ме́блі й тоді́... Лю́ба блідне. Але́ вона́ кмітли́ва жі́нка й че́рез хвили́ну вона́ зна́є, що роби́ти. Вона́ про́сить жі́нку й чолові́ка, котрі́ сидя́ть по́руч, зателефонува́ти їй додо́му і сказа́ти Па́ші про ча́йник.

Тим ча́сом Па́ша встає́, умива́ється і йде на ку́хню. Він бере́ ча́йник зі сто́лу, напо́внює його́ водо́ю і ста́вить на плиту́. По́тім він бере́ хліб і ма́сло й ро́бить бутербро́ди. А́ня захо́дить на ку́хню.

«Де моя́ мале́нька кі́шечка?» - пита́є вона́.

«Я не зна́ю, - відповіда́є Па́ша. - Йди у ва́нну та вмий обли́ччя. Ми за́раз бу́демо пи́ти чай і ї́сти бутербро́ди. По́тім я відведу́ тебе́ в дитя́чий садо́к».

А́ня не хо́че вмива́тися. «Я не мо́жу відкрути́ти кран», - гово́рить вона́ хи́тро.

«Я допоможу́ тобі́», - гово́рить її́ брат. У цей час дзво́нить телефо́н. Аня шви́дко біжи́ть до телефо́ну й бере́

in der Nähe, deswegen geht Luba zu Fuß dorthin. Sie kauft eine Fahrkarte und steigt ein. Es dauert etwa zwanzig Minuten bis zu ihrer Arbeit. Luba sitzt im Zug und schaut aus dem Fenster. Plötzlich erstarrt sie. Der Kessel! Er steht auf dem Herd und sie hat vergessen, das Gas auszumachen. Pascha und Ania schlafen. Das Feuer kann auf die Möbel übergreifen und dann... Luba wird blass. Aber sie ist eine intelligente Frau und kurz darauf weiß sie, was zu tun ist. Sie bittet eine Frau und einen Mann, die neben ihr sitzen, bei ihr zu Hause anzurufen und Pascha über den Kessel zu informieren.

In der Zwischenzeit steht Pascha auf, wäscht sich und geht in die Küche. Er nimmt den Kessel vom Tisch, füllt ihn mit Wasser und stellt ihn auf den Herd. Dann nimmt er Brot und Butter und macht Butterbrote. Ania kommt in die Küche.

„Wo ist meine kleine Miezekatze?", fragt sie.

„Ich weiß es nicht", antworte Pascha. „Geh ins Bad und wasch dein Gesicht. Wir trinken jetzt Tee und essen Brote. Dann bring ich dich in den Kindergarten."

Ania will sich nicht waschen. „Ich kann den Wasserhahn nicht anmachen", sagt sie schlau.

„Ich helfe dir", sagt ihr Bruder. In

слу́хавку.

«Алло́, це зоопа́рк. А це хто?» - ка́же вона́.

Па́ша бере́ у неї слу́хавку й ка́же: «Алло́. Це Па́ша».

«Ти Па́ша Колобо́ков, котри́й ме́шкає на ву́лиці Що́рса одина́дцять?» - пита́є незнайо́мий жіно́чий го́лос.

«Так», - відповіда́є Па́ша.

«Нега́йно йди на ку́хню й ви́мкни газ!» - вигу́кує жіно́чий го́лос.

«Хто Ви? Чому́ я пови́нен вимика́ти газ?» - здиво́вано ка́же Па́ша.

«Зроби́ це за́раз же!» - нака́зує жі́нка.

Па́ша вимика́є газ. Па́ша й А́ня здиво́вано ди́вляться на ча́йник.

«Я не розумі́ю, - ка́же Па́ша, - як ця жі́нка мо́же зна́ти, що ми бу́демо пи́ти чай?»

«Коли́ ми бу́демо ї́сти? - пита́є його́ сестра́. - Я хо́чу ї́сти».

«Я теж хо́чу», - ка́же Па́ша і зно́ву вмика́є газ. В цю хвили́ну зно́ву дзво́нить телефо́н.

«Алло́», - ка́же Па́ша.

«Ти Па́ша Колобо́ков, котри́й ме́шкає на ву́лиці Що́рса одина́дцять?»

diesem Moment klingelt das Telefon. Ania rennt schnell zum Telefon und nimmt den Hörer ab.

„Hallo, hier ist der Zoo. Und wer ist da?", sagt sie. Pascha nimmt ihr den Hörer weg und sagt: „Hallo, Pascha hier."

„Bist du Pascha Kolobokov, wohnhaft in der Schiorsa Strasse elf?", fragt die Stimme einer fremden Frau.

„Ja", antwortet Pascha.

„Geh sofort in die Küche und mach das Gas aus", ruft die Stimme der Frau.

„Wer sind Sie? Warum soll ich das Gas ausmachen?", fragt Pascha überrascht.

„Mach es jetzt!", befielt die Stimme.

Pascha macht das Gas aus. Ania und Pascha schauen verwundert auf den Kessel.

„Ich verstehe das nicht", sagt Pascha. „Woher weiß diese Frau, dass wir Tee trinken wollten?"

„Ich habe Hunger", sagt seine Schwester. „Wann essen wir?"

„Ich habe auch Hunger", sagt Pascha und macht das Gas wieder an. In diesem Moment klingelt das Telefon wieder.

„Hallo", sagt Pascha.

„Bist du Pascha Kolobokov, wohnhaft in der Schiorsa Strasse elf?", fragt die Stimme

- запи́тує незнайо́мий чолові́чий го́лос.

«Так», - відповіда́є Па́ша.

«Ви́мкни нега́йно кухо́нний газ! Будь обере́жний!» - Нака́зує го́лос.

«Гара́зд», - ка́же Па́ша і зно́ву вимика́є газ.

«Ході́мо в дитсадо́к», - ка́же Па́ша А́ні, відчува́ючи, що сього́дні вони́ не бу́дуть пи́ти чай.

«Ні. Я хо́чу чай і бутербро́д», - серди́то ка́же А́ня.

«Ну гара́зд, спро́буймо зно́ву нагрі́ти ча́йник», - гово́рить її́ брат і вмика́є газ.

Дзво́нить телефо́н і цьо́го ра́зу їхня ма́ма нака́зує ви́мкнути газ. По́тім вона́ все поя́снює. Наре́шті А́ня й Па́ша п'ють чай і йдуть у дитсадо́к.

eines fremden Mannes.

„Ja", antwortet Pascha.

„Mach sofort das Gas aus! Sei vorsichtig!", befiehlt die Stimme.

„Okay", sagt Pascha und macht das Gas wieder aus.

„Lass uns in den Kindergarten gehen", sagt Pascha zu Ania in dem Gefühl, dass sie heute keinen Tee trinken werden.

„Nein. Ich will Tee und Brot mit Butter", sagt Ania wütend.

„Gut, lass uns versuchen, den Kessel wieder zu wärmen", sagt ihr Bruder und stellt das Gas an.

Das Telefon klingelt und dieses Mal befiehlt ihre Mutter, das Gas abzustellen. Dann erklärt sie alles. Endlich trinken Ania und Pascha Tee und gehen in den Kindergarten.

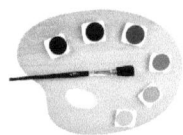

18

Die Audiodatei

Агéнтство з працевлаштувáння

Eine Arbeitsvermittlung

A

Словá

1. був, булá, булó - war
2. видавни́цтво - der Verlag
3. відві́дувач - der Gast, der Besucher
4. впéвнений - sicher
5. все підря́д - vielseitig, alles können
6. дóсвід - die Erfahrung
7. дріт, кáбель - das Kabel
8. електри́чний - elektrisch
9. за годи́ну - pro Stunde
10. здóрово - toll
11. знімáти - abnehmen
12. зніякові́лий, розгýблений - verwirrt
13. індивідуáльно - einzeln
14. істóрія - die Geschichte
15. консультáнт - der Berater; консультувáти - beraten

16. лежа́ти - liegen
17. матра́с - die Matratze
18. мі́сто - die Stadt
19. но́мер - die Nummer
20. оди́н о́дного - einander
21. очища́ючи - putzend
22. п'ятна́дцять - fünfzehn
23. письме́нницька пра́ця (робо́та) - Schreibarbeit
24. підло́га - der Boden
25. пого́джуватися - einverstanden sein; зго́ден / зго́дний - einverstanden (Adj)
26. полови́на - halb
27. помічни́к - der Helfer
28. поса́да - die Position
29. пуска́ти, дозво́лити - lassen
30. рекомендува́ти - empfehlen
31. розумо́ва рабо́та - Kopfarbeit
32. рука́ - der Arm
33. серйо́зно - ernst
34. сивоволо́сий - grauhaarig
35. си́льний - starke; си́льно - stark
36. смерте́льний - tödlich
37. струм - der Strom
38. та́кож, теж - auch
39. той же, той са́мий - der Gleiche; одноча́сно - gleichzeitig
40. тому́ що - da
41. труси́ти(ся) - zittern
42. ува́жно, акура́тно - vorsichtig
43. фізи́чна рабо́та - die Handarbeit
44. хвилюва́тися - sich Sorgen machen
45. шістдеся́т - sechzig
46. як - wie; Як я. - Wie ich.

 B

Аге́нтство з працевлаштува́ння

Одно́го ра́зу Крі́стіан захо́дить у кімнату Ро́берта й ба́чить, що його́ друг лежи́ть на лі́жку й трясе́ться. Крі́стіан ба́чить електри́чні дроти́, що йдуть від Ро́берта до електри́чного ча́йника. Крі́стіан вважа́є, що Ро́берт під смерте́льним електри́чним стру́мом. Він шви́дко підхо́дить до лі́жка, бере́ матра́ц і си́льно тя́гне його́. Ро́берт па́дає на підло́гу. Пото́му він встає́ й здиво́вано

Eine Arbeitsvermittlung

Eines Tages kommt Kristian in Roberts Zimmer und sieht seinen Freund zitternd auf dem Bett liegen. Kristian sieht einige Stromkabel, die von Robert zum Wasserkocher führen. Kristian glaubt, dass Robert einen tödlichen Stromschlag abbekommen hat. Er geht schnell zum Bett, nimmt die Matratze und zieht stark daran. Robert fällt auf den Boden. Dann steht er auf und sieht

дивиться на Крістіана.

«Що це було?» - питає Роберт.

«Ти був під електричним струмом», - говорить Крістіан.

«Ні, я слухаю музику», - говорить Роберт і показує свій CD-плеєр.

«Ой, пробач», - говорить Крістіан. Він розгублений.

«Все гаразд. Не хвилюйся», - спокійно відповідає Роберт, обтрушуючи свої брюки.

«Я і Паша йдемо в агентство з працевлаштування. Ти хочеш піти з нами?» - питає Крістіан.

«Авжеж. Ходімо туди разом», - говорить Роберт.

Вони виходять на вулицю й сідають в автобус номер сім. Дорога до агентства з працевлаштування займає у них приблизно п'ятнадцять хвилин. Паша вже там. Вони заходять у будівлю. В офіс агентства з працевлаштування стоїть довга черга. Вони стають у чергу. За півгодини вони заходять в офіс. У кімнаті стіл і кілька книжкових шаф. За столом сидить сивоволосий чоловік. Йому приблизно шістдесят років.

«Заходьте, хлопці! - приязно каже він. Сідайте, будь ласка».

Kristian verwundert an.

„Was war das denn?", fragt Robert.

„Du standest unter Strom", sagt Kristian.

„Nein, ich habe Musik gehört", sagt Robert und zeigt auf seinen CD-Spieler.

„Oh, Entschuldigung", sagt Kristian. Er ist verwirrt.

„Schon gut, mach dir keinen Kopf", sagt Robert ruhig und macht seine Hose sauber.

„Pascha und ich gehen zu einer Arbeitsvermittlung. Willst du mitkommen?", fragt Kristian.

„Klar, lass uns zusammen gehen", sagt Robert.

Sie gehen nach draußen und nehmen den Bus Nummer 7. Sie brauchen etwa fünfzehn Minuten bis zur Arbeitsvermittlung. Pascha ist schon dort. Sie betreten das Gebäude. Vor dem Büro der Arbeitsvermittlung ist eine lange Schlange. Sie stellen sich an. Nach einer halben Stunde betreten sie das Büro. Im Zimmer sind ein Stuhl und ein paar Bücherregale. Am Tisch sitzt ein grauhaariger Mann. Er ist etwa sechzig.

„Kommt rein, Jungs", sagt er freundlich. „Setzt euch, bitte."

Паша, Róберт і Крістіан сідають.

«Менé звýть Микóла Оцínkin. Я - консультáнт із працевлаштувáння. Зазвичáй я розмовляю з відвíдувачами індивідуáльно. Але, томý що ви студéнти й знáете одín óдного, я мóжу проконсультувáти вас усíх рáзом. Ви згóдні?»

«Так, - говóрить Паша, - у нас щодня три абó чотири годи́ни вíльного чáсу. Нам трéба знайти́ робóту на цей час».

«Так. У мéне є кíлька робóчих місць для студéнтів. А ти зними́ свій плéер», - пан Оцínкін кáже Róберту.

«Я мóжу слýхати одночáсно мýзику й Вас», - говóрить Róберт.

«Якщó ти серйóзно хóчеш отри́мати робóту, то зними́ свій плéер і слýхай те, що я кажý, - говóрить пан Оцínкін. - Тепéр, хлóпці, скажíть, якá робóта вам потрíбна? Вам потрíбна розумóва чи фізи́чна робóта?»

«Я мóжу роби́ти бýдь-яку робóту, - говóрить Крістіан, - я си́льний. Хóчете поборóтися на рукáх?» - говóрить він і стáвить свою́ рýку на стіл пáна Оцínкіна.

«Тут не спорти́вний клуб, але якщó ти хóчеш... - кáже пан Оцínкін. Він стáвить рýку на стіл і шви́дко кладé рýку Крістіана. - Як бáчиш, си́нку, ти повинен

Pascha, Robert und Kristian setzen sich.

„Ich bin Mikola Ozinkin. Ich bin Arbeitsberater. Normalerweise spreche ich einzeln mit Besuchern. Aber da ihr alle Studenten seid und euch kennt, kann ich euch zusammen beraten. Seid ihr einverstanden?"

„Ja", sagt Pascha. „Wir haben drei, vier Stunden frei pro Tag. Wir brauchen für diese Zeit einen Job."

„Gut, ich habe ein paar Jobs für Studenten. Und du, mach deinen CD-Spieler aus", sagt Herr Ozinkin zu Robert.

„Ich kann gleichzeitig Ihnen zuhören und Musik hören", sagt Robert.

„Wenn du ernsthaft einen Job willst, mach die Musik aus und hör mir genau zu", sagt Herr Ozinkin. „Also, was für einen Job wollt ihr denn. Wollt ihr Hand- oder Kopfarbeit?

„Ich kann jede Arbeit machen", sagt Kristian. „Ich bin stark. Wollen Sie es testen?", fragt er und stützt seinen Arm auf Herrn Ozinkins Tisch auf.

„Das hier ist kein Sportverein, aber wenn du willst..." sagt Herr Ozinkin. Er stützt seinen Arm auf den Tisch auf und drückt Kristians Arm schnell nach unten. „Wie du siehst, musst du nicht nur stark,

бу́ти не лише́ си́льним, але́ й розу́мним».

«Я розумо́во теж мо́жу працюва́ти, - говори́ть Крі́стіан зно́ву. Він ду́же хо́че отри́мати робо́ту. - Я мо́жу писа́ти істо́рії. У ме́не є кі́лька істо́рій про моє рі́дне мі́сто».

«Це ду́же ціка́во», - говори́ть пан Оці́нкін. Він бере́ а́ркуш папе́ру. «Видавни́чій фі́рмі „Все підря́д" потрі́бен молоди́й помічни́к для письме́нницької робо́ти. Вони́ пла́тять 80 гри́вень за годи́ну».

«Здо́рово! - ка́же Крі́стіан. - Мо́жна мені́ спро́бувати?»

«Авже́ж. Ось їхній телефо́нний но́мер і адре́са», - говори́ть пан Оці́нкін і дає́ Крі́стіану а́ркуш папе́ру.

«А ви, хло́пці, мо́жете ви́брати робо́ту на фе́рмі, на комп'ю́терній фі́рмі, в газе́ті або́ в суперма́ркеті. Я рекоменду́ю вам поча́ти працюва́ти на фе́рмі, тому́ що у вас нема́є до́свіду. Їм потрі́бні два працівники́», - говори́ть пан Оці́нкін Па́ші й Ро́берту.

«Скі́льки вони́ пла́тять?» - запи́тує Па́ша.

«За́раз подивлю́ся... - пан Оці́нкін ди́виться в комп'ю́тері. - Їм потрі́бні робітники́ на три чи чоти́ри годи́ни в день і вони́ пла́тять 60 гри́вень за

sondern auch schlau sein."

„Ich kann auch Denkarbeit machen", sagt Kristian. Er will unbedingt einen Job. „Ich kann Geschichten schreiben. Ich habe ein paar Geschichten über meine Heimatstadt."

„Das ist sehr interessant", sagt Herr Ozinkin. Er greift nach einem Blatt Papier. „Der Verlag ‚All-Round' braucht einen jungen Helfer als Schreiber. Sie zahlen 80 Hrywnja pro Stunde."

„Super", sagt Kristian. „Kann ich das versuchen?"

„Natürlich. Hier sind Telefonnummer und Adresse", sagt Herr Ozinkin und gibt Kristian ein Blatt Papier.

„Und ihr Jungs könnt zwischen einem Job auf einem Bauernhof, in einer Computerfirma, bei einer Zeitung oder im Supermarkt wählen. Da ihr keine Erfahrung habt, empfehle ich euch, mit der Arbeit auf dem Bauernhof anzufangen. Sie brauchen zwei Arbeiter", sagt Herr Ozinkin zu Pascha und Robert.

„Wie viel zahlen sie?", fragt Pascha.

„Mal schaun...", Herr Ozinkin schaut auf den Computer. „Sie brauchen Arbeiter für drei oder vier Stunden am Tag und zahlen 60 Hrywnja pro Stunde. Samstag und Sonntag sind frei. Seid ihr

годи́ну. Субо́та й неді́ля - вихідні́. Ви погóджуєтеся?» - запи́тує він.

«Я згóден», - каже Па́ша.

«Я теж згóден», - ка́же Рóберт.

«Ну що ж. Бері́ть нóмер телефóну й адре́су фéрми», - говóрить пан Оці́нкін і дає́ їм а́ркуш папéру.

«Дя́куємо», - ка́жуть хлóпці й вихо́дять.

einverstanden?", fragt er.

„Ja, bin ich", sagt Pascha.

„Ich auch", sagt Robert.

„Gut, nehmt die Telefonnummer und die Adresse des Bauernhofs", sagt Herr Ozinkin und gibt ihnen eine Blatt Papier.

„Dankeschön, Herr Ozinkin", sagen die Jungs und gehen nach draußen.

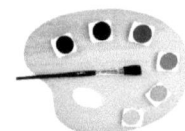

19

Па́ша і Ро́берт ми́ють вантажі́вку (части́на 1)
Pascha und Robert waschen den Laster (Teil 1)

A

Слова́

1. (по)ми́ти - waschen
2. бага́то - viel
3. бе́рег мо́ря - die Küste
4. бі́льша части́на - grösste Teil
5. бли́жче - näher; бли́зько - nahe
6. вздовж - entlang
7. використо́вувати - benutzen
8. вла́сник - der Besitzer
9. водійські права́ - der Führerschein
10. во́сьмий - achter
11. гальмо́ - die Bremse, гальмува́ти - bremsen
12. дале́ко - weit; да́лі - weiter
13. двигу́н - der Motor
14. двір, подві́р'я - der Hof
15. дев'я́тий - neunter
16. деся́тий - zehnter
17. доро́га - die Straße

18. до́сить (таки́) - ziemlich
19. дру́гий - zweiter
20. заво́дити - anmachen (nur ein Motor)
21. ко́лесо - das Rad
22. корабе́ль - das Schiff
23. маши́на - die Maschine
24. метр - der Meter
25. ми́ти - waschen
26. Михаї́л (Миха́йло) - Mikhail
27. міцни́й - starker
28. мо́ре - das Meer
29. на́дто, зана́дто - zu; зана́дто дороги́й - zu teuer
30. насі́ння - das Saatgut
31. натиска́ючи ного́ю - tretend
32. нести́ - bringen in Händen; везти́ - transportieren
33. п'я́тий - fünfter
34. перевіря́ти - kontrollieren
35. пере́дній - vorn

36. підніма́ти - heben
37. підходя́щий - passend
38. пливти́ - schwimmen, treiben
39. пові́льно - langsam
40. по́ле - das Feld
41. почина́ти - anfangen
42. прибу́ти - ankommen
43. роботода́вець - der Arbeitgeber
44. розванта́жувати - abladen
45. си́ла - die Stärke
46. споча́тку - erst
47. сьо́мий - siebter
48. тре́тій - dritter
49. тро́хи - ein bisschen
50. хви́ля - die Welle
51. хита́ючись - schaukelnd
52. чека́ти - warten
53. четве́ртий - vierter
54. шо́стий - sechster
55. шука́ти - suchen
56. я́щик - die Kiste

B

Па́ша і Ро́берт ми́ють вантажі́вку (части́на 1)

Па́ша й Ро́берт тепе́р працю́ють на фе́рмі. Вони́ працю́ють три чи чоти́ри годи́ни щодня́. Робо́та до́сить важка́. Вони́ пови́нні вико́нувати щодня́ бага́то робо́ти. Вони́ прибира́ють на фе́рмі че́рез

Pascha und Robert waschen den Laster (Teil 1)

Pascha und Robert arbeiten jetzt auf einem Bauernhof. Sie arbeiten drei, vier Stunden am Tag. Die Arbeit ist ziemlich schwer. Sie müssen jeden Tag viel arbeiten. Sie machen den Hof jeden zweiten Tag sauber. Sie putzen die

90

день. Вони́ ми́ють фе́рмерські маши́ни оди́н раз у три дні. Раз у чоти́ри дні вони́ працю́ють на фе́рмерському по́лі. Їхнього роботода́вця звуть Михаї́л Кре́пкий. Пан Кре́пкий вла́сник фе́рми, і він вико́нує бі́льшу части́ну робо́ти. Михаї́л Кре́пкий працю́є бага́то. Він та́кож дає бага́то робо́ти Па́ші й Ро́берту.

«Ей, хло́пці, закі́нчуйте ми́ти маши́ни, візьмі́ть вантажі́вку та ї́дьте на тра́нспортну фі́рму «Рапі́д», ка́же Михаї́л Кре́пкий, «У них є для ме́не ванта́ж. Заванта́жте я́щики з насі́нням у вантажі́вку, привезі́ть на фе́рму й розванта́жте на фе́рмерському подві́р'ї. Зробі́ть це шви́дко, тому́ що мені́ потрі́бно ви́користати насі́ння сього́дні. І не забу́дьте поми́ти вантажі́вку».

«До́бре», - ка́же Па́ша. Вони́ закі́нчують ми́ти й сіда́ють у вантажі́вку. У Па́ші є водíйські права́, тому́ він веде́ вантажі́вку. Він заво́дить двигу́н і їде споча́тку повíльно че́рез фе́рмерське подві́р'я, по́тім шви́дко по доро́зі. Тра́нспортна фі́рма «Рапі́д» знахо́диться неподалі́к від фе́рми. Вони́ приїжджа́ють туди́ за п'ятна́дцять хвили́н. Там вони́ шука́ють наванта́жні две́рі но́мер де́сять. Па́ша обере́жно веде́ вантажі́вку по наванта́жному подві́р'ю. Вони́ проїжджа́ють повз пе́рші две́рі, повз дру́гі две́рі, повз тре́ті, повз четве́рті,

Maschinen jeden dritten Tag. Jeden vierten Tag arbeiten sie auf den Feldern. Ihr Arbeitgeber heißt Mikhail Krepki. Herr Krepki ist der Besitzer des Bauernhofs und er macht die meiste Arbeit. Herr Krepki arbeitet sehr hart. Er gibt Pascha und Robert auch viel Arbeit.

„Hey Jungs, macht die Maschinen fertig sauber und fahrt dann mit dem Laster zur Transportfirma Rapid", sagt Herr Krepki. „Sie haben eine Ladung für mich. Ladet die Kisten mit dem Saatgut auf den Laster, bringt sie zum Bauernhof und ladet sie auf dem Hof ab. Beeilt euch, denn ich brauche das Saatgut heute. Und vergesst nicht, den Laster zu waschen."

„Okay", sagt Pascha. Sie machen die Maschine fertig sauber und steigen in den Laster. Pascha hat einen Führerschein, deswegen fährt er. Er macht den Motor an, fährt erst langsam durch den Hof und dann schnell die Straße entlang. Die Transportfirma Rapid ist nicht weit vom Bauernhof. Sie kommen dort nach fünfzehn Minuten an. Dort suchen sie die Verladetür Nummer zehn. Pascha fährt den Laster vorsichtig über den Hof. Sie fahren an der ersten Verladetür vorbei, an der zweiten, an der dritten, an der vierten, an der fünften, an der sechsten, an der

повз п'я́ті, повз шо́сті, повз сьо́мі, повз во́сьмі, по́тім повз дев'я́ті наванта́жні две́рі. Па́ша під'їжджа́є до деся́тих наванта́жних двере́й і гальму́є.

«Споча́тку ми пови́нні переві́рити наванта́жний спи́сок», - гово́рить Ро́берт, у яко́го вже́ є до́свід з наванта́жними спи́сками в цій тра́нспортній фі́рмі. Він іде́ до ванта́жника, яки́й працю́є на цих двере́х, і дає́ йому́ наванта́жний спи́сок. Ванта́жник шви́дко заванта́жує п'ять я́щиків у ї́хню вантажі́вку. Ро́берт ува́жно переві́ряє я́щики. Всі я́щики ма́ють номери́ з наванта́жного спи́ску.

«Номери́ пра́вильні. Тепе́р ми мо́жемо ї́хати», - гово́рить Ро́берт.

«Поря́док, - гово́рить Па́ша і заво́дить двигу́н. - Я ду́маю, що тепе́р ми мо́жемо поми́ти вантажі́вку. Неподалі́к зві́дси є підходя́ще мі́сце».

За п'ять хвили́н вони́ приїжджа́ють на бе́рег мо́ря.

«Ти хо́чеш поми́ти вантажі́вку тут?» - запи́тує Ро́берт здиво́вано.

«Авже́ж! Га́рне мі́сце, пра́вда?» - гово́рить Па́ша.

«А де ми візьме́мо відро́?» - запи́тує Ро́берт.

«Нам не тре́ба відро́. Я під'ї́ду ду́же бли́зько до мо́ря. Ми бу́демо бра́ти во́ду з

siebten, an der achten und dann an der neunten. Pascha fährt zur zehnten Verladetür und hält an.

„Wir müssen erst die Ladeliste kontrollieren", sagt Robert, der schon Erfahrung mit den Ladelisten in dieser Firma hat. Er geht zum Verlader, der an der Tür arbeitet, und gibt ihm die Ladeliste. Der Verlader lädt schnell fünf Kisten in ihren Laster. Robert kontrolliert die Kisten sorgfältig. Alle Kisten haben Nummern von der Ladeliste.

„Die Nummern stimmen. Wir können jetzt gehen", sagt Robert.

„Okay", sagt Pascha und macht den Motor an. „Ich denke, wir können jetzt den Laster waschen. Nicht weit von hier ist ein passender Ort".

Nach fünf Minuten kommen sie an die Küste.

„Willst du den Laster hier waschen?", fragt Robert überrascht.

„Ja! Schöner Platz, nicht?", sagt Pascha.

„Und woher bekommen wir einen Eimer?", fragt Robert.

„Wir brauchen keinen Eimer. Ich fahre ganz nah ans Meer. Wir nehmen das Wasser aus dem Meer", sagt Pascha

мо́ря», - ка́же Па́ша й під'їжджа́є ду́же бли́зько до води́. Пере́дні коле́са в'їжджа́ють у во́ду й хви́лі набіга́ють на них.

«Дава́й ви́йдемо й почне́мо ми́ти», - гово́рить Ро́берт.

«Почека́й хвили́нку. Я під'ї́ду тро́хи бли́жче, - гово́рить Па́ша й проїжджа́є оди́н чи два ме́три да́лі. - Ось так кра́ще».

По́тім вели́ка хви́ля набіга́є, і вода́ тро́хи підніма́є вантажі́вку й пові́льно несе́ її да́лі в мо́ре.

«Стоп! Па́шо, зупини́ вантажі́вку! - кричи́ть Ро́берт, - ми вже́ у воді́! Будь ла́ска, зупини́ її!»

«Вона́ не зупиня́ється! - кричи́ть Па́ша, натиска́ючи ного́ю на гальмо́ зі всіє́ї си́ли. - Я не мо́жу зупини́ти її!!!»

Вантажі́вка пові́льно пливе́ да́лі в мо́ре, похи́туючись на хви́лях, як мале́нький кора́бель.

(далі буде)

und fährt ganz nah ans Wasser. Die Vorderräder stehen im Wasser und die Wellen umspülen sie.

„Lass uns aussteigen und anfangen, zu waschen", sagt Robert.

„Warte kurz, ich fahre noch etwas näher ran", sagt Pascha und fährt ein, zwei Meter weiter. „So ist es besser."

Da kommt eine größere Welle und das Wasser hebt den Laster ein bisschen nach oben und trägt ihn langsam weiter ins Meer.

„Stopp! Pascha, halte den Laster an!", ruft Robert. „Wir sind schon im Wasser! Bitte, halt an!"

„Er hält nicht an!", ruft Pascha und tritt mit aller Kraft die Bremse. „Ich kann ihn nicht anhalten."

Der Laster treibt langsam weiter aufs Meer und schaukelt auf den Wellen wie ein kleines Schiff.

(Fortsetzung folgt)

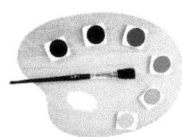

20

Па́ша і Ро́берт ми́ють вантажі́вку (части́на 2)

Pascha und Robert waschen den Laster (Teil 2)

 A

Слова́

1. ава́рія - der Unfall
2. бе́рег - die Küste
3. були́ - waren
4. вби́вця - der Mörder
5. відбува́тися - passieren; відбуло́ся, ста́лося - passiert
6. віднó́влення - die Genesung, Rehabilitation
7. віднóвлювати - gesund pflegen
8. відпуска́ти - freisetzen
9. ві́тер - der Wind
10. влі́во / налі́во / лівóруч - links
11. впрáво / напрáво / правóруч - rechts
12. годувáти - füttern
13. грóші - das Geld
14. двáдцять п'ять - fünfundzwanzig
15. дивови́жний - wunderbar
16. для, на - für
17. до - zuvor, bevor

94

18. дороги́й - lieber, liebe; teuer
19. журналі́ст - der Journalist
20. забру́днювати - verschmutzen
21. за́втра - morgen
22. зану́рюватися - sinken, eintauchen
23. звільни́ти - feuern
24. керува́ти - lenken
25. кит - der Wal; кит-вби́вця - der Schwertwal
26. контро́ль - die Kontrolle
27. котри́й - der, die, das (konj.)
28. (мені́) ціка́во - ich frage mich
29. на́фта - das Öl
30. ніко́ли - nie
31. пан Соколо́в - Hr. Sokolov
32. пла́вати - schwimmen
33. пливу́чий - schwimmender, treibender
34. повідо́млювати - informieren, mitteilen
35. пості́йний - beständig
36. почи́стив - säuberte

37. при́клад - das Beispiel; напри́клад - zum Beispiel
38. проковтну́ти - (hinunter)schlucken
39. промо́ва - die Rede
40. птах - der Vogel
41. рятува́льна слу́жба - der Rettungsdienst
42. рятува́ти - retten
43. ситуа́ція - die Situation
44. смія́тися - lachen
45. та́нкер - der Tanker
46. те́чія - der Fluss
47. ти́сяча - eintausend
48. (тому́) наза́д - vor; рік (тому́) наза́д - vor einem Jahr
49. фотографува́ти / зніма́ти - fotografieren; фотогра́фія / зні́мок - die Fotografie; фото́граф - der Fotograf
50. хоті́в - wollte
51. церемо́нія - die Feier

 B

Па́ша і Ро́берт ми́ють вантажі́вку (части́на 2)

Вантажі́вка пові́льно пливе́ да́лі в мо́ре, погойдуючись на хви́лях, як мале́нький корабе́ль. Па́ша керу́є впра́во і влі́во, натиска́ючи на гальмо́ й на газ. Але́ він не мо́же контролюва́ти

Pascha und Robert waschen den Laster (Teil 2)

Der Laster treibt langsam weiter aufs Meer und schaukelt auf den Wellen wie ein kleines Schiff. Pascha lenkt nach links und nach rechts, während er auf die Bremse und aufs Gas tritt. Aber er kann den Laster

вантажі́вку. Си́льний ві́тер несе́ її́ вздо́вж бе́рега. Па́ша й Ро́берт не зна́ють, що роби́ти. Вони́ про́сто сидя́ть і ди́вляться з вікна́. Морська́ вода́ почина́є текти́ всере́дину.

«Дава́й ви́йдемо й ся́демо на дах», - ка́же Ро́берт.

Вони́ сіда́ють на дах.

«Мені́ ціка́во, що ска́же пан Кре́пкий?» - гово́рить Ро́берт.

Вантажі́вка пові́льно пливе́ ме́трах у двадцяти́ від бе́рега. Лю́ди на бе́резі зупиня́ються й здиво́вано ди́вляться на не́ї.

«Пан Кре́пкий мо́же звільни́ти нас», - відповіда́є Па́ша.

Тим ча́сом керівни́к університе́ту пан Соколо́в прихо́дить у свій о́фіс. Секрета́р гово́рить йому́, що сього́дні бу́де церемо́нія. Бу́дуть відпуска́ти на во́лю двох птахі́в після віднóвлення. Працівники́ реабілітаці́йного це́нтру зчи́стили з них на́фту після катастро́фи з та́нкером «Вели́кий Забру́днювач», яка́ ста́лася мі́сяць тому́. Пан Соколо́в пови́нен зроби́ти там промо́ву. Церемо́нія почина́ється за два́дцять п'ять хвили́н. Пан Соколо́в і його́ секрета́р беру́ть таксі́ й за де́сять хвили́н приїжджа́ють до мі́сця церемо́нії. Ці два птахи́ вже там. Тепе́р

nicht kontrollieren. Ein starker Wind trägt ihn die Küste entlang. Pascha und Robert wissen nicht, was sie tun sollen. Sie sitzen einfach da und schauen aus dem Fenster. Das Meerwasser beginnt, in den Laster zu laufen.

„Lass uns nach draußen gehen und uns aufs Dach setzen", sagt Robert.

Sie setzen sich aufs Dach.

„Ich frage mich, was Herr Krepki sagen wird", sagt Robert.

Der Laster treibt langsam etwa zwanzig Meter von der Küste entfernt. Einige Leute an der Küste bleiben stehen und schauen verwundert.

„Herr Krepki wird uns wohl feuern", antwortet Pascha.

In der Zwischenzeit kommt der Direktor der Universität, Herr Sokolov, in sein Büro. Die Sekretärin sagt ihm, dass es heute eine Feier gibt. Sie werden zwei Vögel nach deren Genesung freisetzen. Arbeiter des Rehabilitationszentrums haben sie nach dem Unfall mit dem Tanker Gran Pollución von Öl gesäubert. Der Unfall passierte vor einem Monat. Herr Sokolov muss dort eine Rede halten. Die Feier beginnt in fünfundzwanzig Minuten.

Herr Sokolov und seine Sekretärin nehmen ein Taxi und kommen nach zehn Minuten am Ort der Feier an. Die zwei

вони́ не такі́ бі́лі, як зазвича́й. Алé тепéр вони́ зно́ву мо́жуть літа́ти й пла́вати. Тут за́раз бага́то людéй, журналі́стів і фото́графів. За двí хвили́ни церемо́нія почина́ється. Пан Соколо́в почина́є промо́ву.

«Дорогí дру́зі!» - гово́рить він, «Катастро́фа з та́нкером «Вели́кий Забру́днювач» ста́лася на цьо́му мíсці мíсяць тому́. Тепéр ми пови́нні відно́вити бага́то птахíв і твари́н. Це ко́штує бага́то гро́шей. Напри́клад, відно́влення ко́жного із цих двох птахíв ко́штує дві ти́сячі гри́вень! І тепéр я ра́дий повідо́мити вам, що пíсля мíсяця відно́влення ці два дивови́жні птахи́ бу́дуть відпу́щені».

Дві люди́ни беру́ть я́щик із птаха́ми, несу́ть його́ до води́ й відкрива́ють. Птахи́ вихо́дять з я́щика й по́тім стриба́ють у во́ду й пливу́ть.

Фото́графи ро́блять зні́мки. Журналíсти розпи́тують праці́вників відно́влювального це́нтру твари́н.

Знена́цька виплива́є вели́кий кит-вби́вця, шви́дко проко́втує птахíв і зно́ву зану́рюється. Всі лю́ди ди́вляться на те мíсце, де до цьо́го були́ птахи́. Керівни́к університе́ту не вíрить свої́м оча́м. Кит-вби́вця сплива́є зно́ву в по́шуках íнших птахíв. Чéрез

Vögel sind bereits da. Jetzt sind sie nicht so weiß wie normalerweise. Aber sie können wieder schwimmen und fliegen. Es sind viele Menschen, Journalisten und Fotografen da. Zwei Minuten später beginnt die Feier. Herr Sokolov beginnt seine Rede.

„Liebe Freunde", sagt er. „Vor einem Monat passierte an dieser Stelle der Unfall mit dem Tanker Gran Pollución. Wir müssen jetzt viele Vögel und Tiere gesund pflegen. Das kostet viel Geld. Die Rehabilitation dieser zwei Vögel zum Beispiel kostet zweitausend Hrywnja! Und es freut mich, Ihnen mitteilen zu können, dass diese zwei wunderbaren Vögel nach einem Monat Rehabilitation freigesetzt werden."

Zwei Männer nehmen die Kiste mit den Vögeln, bringen sie zum Wasser und öffnen sie. Die Vögel kommen aus der Kiste, springen ins Wasser und schwimmen.

Die Fotografen machen Fotos. Die Journalisten befragen Arbeiter des Rehabilitationszentrums über die Tiere.

Plötzlich taucht ein großer Schwertwal auf, schluckt schnell die zwei Vögel hinunter und verschwindet wieder. Alle Leute schauen auf die Stelle, an der die Vögel zuvor gewesen waren. Der Direktor der Universität traut seinen Augen nicht.

те, що бі́льше птахі́в нема́є, він зно́ву йде під во́ду. Пан Соколо́в тепе́р пови́нен закі́нчити свою́ промо́ву.

«Е-е..., - він підбира́є підходя́щі слова́. - Дивови́жний пості́йний плин життя́ ніко́ли не зупиня́ється. Бі́льші твари́ни їдя́ть ме́нших твари́н і так да́лі.. е-е.. що це?» - говори́ть він, ди́влячись на во́ду. Всі ди́вляться туди́ й ба́чать вели́ку вантажі́вку, яка́ пливе́ вздо́вж бе́рега й погойду́ється на хви́лях, на́че корабе́ль. Два хло́пці сидя́ть на ній і ди́вляться на мі́сце церемо́нії.

«Здра́стуйте па́не Соколо́в, - говори́ть Ро́берт. - Наві́що Ви году́єте кити́в-уби́вць птаха́ми?»

«Здра́стуй Ро́берте, - відповіда́є пан Соколо́в. - Що ви там ро́бите, хло́пці?»

«Ми хотíли поми́ти вантажі́вку», - відповіда́є Па́ша.

«Розумі́ю», - говори́ть пан Соколо́в. Де́яких люде́й ця ситуа́ція почина́є сміши́ти. Вони́ почина́ють смія́тися.

«Ну що ж, за́раз я ви́кличу рятува́льну слу́жбу. Вони́ діста́нуть вас із води́. А за́втра я хо́чу ба́чити вас у моє́му о́фісі», - говори́ть керівни́к университе́ту і телефону́є у рятува́льну слу́жбу.

Der Schwertwal taucht wieder auf und sucht nach mehr Vögeln. Da es keine Vögel mehr gibt, verschwindet er wieder. Herr Sokolov muss seine Rede beenden.

„Ähm...", er sucht nach passenden Worten. „Der wundervolle, beständige Fluss des Lebens hört nie auf. Größere Tiere essen kleinere Tiere und so weiter...ähm..was ist das?", fragt er aufs Wasser schauend. Alle schauen aufs Wasser und sehen einen großen Laster, der die Küste entlang treibt und auf den Wellen schaukelt wie ein Schiff. Zwei Jungen sitzen auf ihm und schauen zum Platz der Feier.

„Hallo Herr Sokolov", sagt Robert. „Warum füttern Sie Schwertwale mit Vögeln?"

„Hallo Robert", antwortet Herr Sokolov. „Was macht ihr da, Jungs?"

„Wir wollten den Laster waschen", sagt Pascha.

„Alles klar", sagt Herr Sokolov. Einige Leute beginnen, an der Situation ihren Spaß zu haben. Sie fangen an, zu lachen.

„Gut, ich rufe jetzt den Rettungsdienst. Der wird euch aus dem Wasser holen. Und ich möchte euch morgen in meinem Büro sehen", sagt der Direktor der Universität und ruft den Rettungsdienst.

21

Die Audiodatei

Уро́к
Eine Unterrichtsstunde

A

Слова́

1. ба́нка - der Krug
2. батьки́ - die Eltern
3. без - ohne
4. ва́жливий - wichtig
5. всé ще - noch, weiterhin
6. втрача́ти, губи́ти - verlieren
7. ді́йсно - wirklich
8. ді́ти - die Kinder
9. друг - der Freund
10. завжди́ - immer
11. залиша́тися - bleiben
12. здоро́в'я - die Gesundheit
13. злéгка - leicht
14. ка́мінь - der Stein
15. клас - die Klasse
16. лишé - nur
17. малéнький - klein
18. меди́чний - medizinisch

19. ме́нше, ме́нш - weniger
20. між - zwischen
21. піклува́тися - sich kümmern um
22. пісо́к - der Sand
23. по́друга - die Freundin
24. прибра́ти / прибира́ти - wegnehmen
25. приділя́ти час - Zeit zuteilen / finden
26. пусти́й, поро́жній - leer
27. річ, предме́т - das Ding, die Sache

28. си́пати, насипа́ти - schütten, gießen
29. спо́сіб - Art und Weise
30. телеба́чення - der Fernseher
31. тра́тити - ausgeben, verwenden
32. ува́га - die Aufmerksamkeit
33. це речі- diese Dinge
34. ща́стя - das Glück
35. ще - noch
36. що-не́будь, щось - etwas

Уро́к

Кері́вник університе́ту стої́ть пе́ред кла́сом. На столі́ пе́ред ним кі́лька коро́бок й і́нших предме́тів. Коли́ урок почина́ється, він бере́ вели́ку поро́жню ба́нку й без слів напо́внює її вели́ким камі́нням.

«Ви ду́маєте, ця ба́нка вже по́вна?» - запи́тує пан Соколо́в студе́нтів.

«Так», - пого́джуються студе́нти.

Тоді́ він бере́ коро́бку з ду́же мале́ньким камі́нням і насипа́є його́ у ба́нку. Він злегка́ трясе́ ба́нку. Мале́ньке камі́ння, звича́йно, запо́внює мі́сце між вели́ким камі́нням.

«Що ви ду́маєте тепе́р? Ба́нка вже

Eine Unterrichtsstunde

Der Direktor der Universität steht vor der Klasse. Auf dem Tisch vor ihm liegen Kisten und andere Dinge. Als der Unterricht beginnt, nimmt er einen großen, leeren Krug und füllt ihn wortlos mit großen Steinen.

„Meint ihr, dass der Krug schon voll ist?", fragt Herr Sokolov die Studenten.

„Ja, das ist er", stimmen die Studenten zu.

Da nimmt er eine Kiste mit sehr kleinen Steinen und schüttet sie in den Krug. Er schüttelt den Krug leicht. Die kleinen Steine füllen natürlich den Platz zwischen den großen Steinen.

повна, чи не так?» - пан Соколо́в запи́тує їх зно́ву.

«Так. Тепе́р вона́ по́вна», - пого́джуються студе́нти зно́ву. Їм цей уро́к почина́є подо́батися. Вони́ почина́ють смія́тися.

По́тім пан Соколо́в бере́ коро́бку з піско́м і висипа́є його́ в ба́нку. Пісо́к, звича́йно, запо́внює ре́шту мі́сця.

«Тепе́р я хо́чу, щоб ви поду́мали про цю ба́нку, як про життя́ люди́ни. Вели́ке камі́ння - це важли́ві ре́чі, ва́ша роди́на, ваш хло́пець або ді́вчина, ва́ше здоро́в'я, ва́ші ді́ти, ва́ші батьки́ - ті ре́чі, котрі́, якщо́ ви все втра́тите й залиша́ться лише́ вони́, все одно́ бу́дуть роби́ти ва́ше життя́ по́вним. Мале́ньке камі́ння - це і́нші ре́чі, котрі́ ме́нш важли́ві. Це такі́ ре́чі, як ваш буди́нок, ва́ша робо́та, ва́ша маши́на. Пісо́к - це вся ре́шта, дрі́б'язки. Якщо́ ви споча́тку помісти́те пісо́к у ба́нку, то не зали́шиться мі́сця для мале́нького або вели́кого камі́ння. Так са́мо й у житті́. Якщо́ ви витрача́єте весь свій час і ене́ргію на дрі́б'язки, у вас ніко́ли не бу́де мі́сця для рече́й, які́ важли́ві для вас. Приділя́йте ува́гу реча́м, які́ найбі́льш важли́ві для ва́шого ща́стя. Гра́йте зі свої́ми ді́тьми або батька́ми. Приділя́йте час для прохо́дження меди́чних переві́рок. Зводі́ть свого́ дру́га або́ подру́гу в кафе́.

„Was meint ihr jetzt? Der Krug ist voll, oder nicht?", fragt Herr Sokolov sie wieder.

„Ja, das ist er. Er ist jetzt voll", stimmen die Studenten wieder zu. Der Unterricht beginnt, ihnen Spaß zu machen. Sie lachen.

Da nimmt Herr Sokolov eine Kiste mit Sand und schüttet ihn in den Krug. Der Sand füllt natürlich den restlichen Platz.

„Jetzt möchte ich, dass ihr in diesem Krug das Leben seht. Die großen Steine sind wichtige Dinge - eure Familie, eure Freundin oder euer Freund, Gesundheit, Kinder, Eltern - Dinge, die euer Leben, wenn ihr alles verliert und nur sie bleiben, weiterhin füllen. Kleine Steine sind andere Dinge, die weniger wichtig sind. Dinge wie euer Haus, Job, Auto. Der Sand ist alles andere - die kleinen Dinge. Wenn ihr zuerst Sand in den Krug füllt, bleibt kein Platz für kleine oder große Steine. Das Gleiche gilt fürs Leben. Wenn ihr eure ganze Zeit und Energie für die kleinen Dinge verwendet, werdet ihr nie Platz für die Dinge haben, die euch wichtig sind. Achtet auf Dinge, die für euer Glück am wichtigsten sind. Spielt mit euren Kindern oder Eltern. Nehmt euch die Zeit für medizinische Untersuchungen. Geht mit eurer Freundin oder eurem Freund ins Café. Es

Завжди́ бу́де час, щоб піти́ на робо́ту, прибра́ти в до́мі й подиви́тися телеві́зор, - гово́рить пан Соколо́в. - Піклу́йтеся споча́тку про велике́ камі́ння - ре́чі, котрі́ ді́йсно важли́ві. Вся ре́шта лише́ пісо́к, - він ди́виться на студе́нтів. - Тепе́р, Ро́берте і Па́шо, що важливі́ше для вас - ми́ти вантажі́вку чи ва́ші життя́? Ви пла́ваєте на вантажі́вці по мо́рю, як на кораблі́, лише́ тому́, що ви хоті́ли поми́ти цю вантажі́вку. Ви вважа́єте, що нема́є і́ншого спо́собу поми́ти її?»

«Ні, ми так не ду́маємо», - гово́рить Па́ша.

«Ви мо́жете поми́ти вантажі́вку на ми́йній ста́нції, чи не так?» - гово́рить пан Соколо́в.

«Авже́ж, це так», - ка́жуть студе́нти.

«Ви завжди́ повинні́ ду́мати пе́ред тим, як зроби́ти щось. Ви завжди́ повинні́ піклува́тися про велике́ камі́ння, пра́вильно?»

«Так», - відповіда́ють студе́нти.

wird immer Zeit bleiben, um zu arbeiten, das Haus zu putzen oder fernzusehen", sagt Herr Sokolov. „Kümmert euch erst um die großen Steine - um die Dinge, die wirklich wichtig sind. Alles andere ist nur Sand", er schaut die Studenten an. „Nun, Robert und Pascha, was ist euch wichtiger - einen Laster zu waschen oder euer Leben? Ihr treibt auf einem Laster im Meer wie auf einem Schiff, nur weil ihr den Laster waschen wolltet. Glaubt ihr, dass es keine andere Möglichkeit gibt, ihn zu waschen?"

„Nein, das glauben wir nicht", sagt Pascha.

„Man kann einen Laster stattdessen in einer Waschanlage waschen, nicht wahr?", sagt Herr Sokolov.

„Ja, das kann man", sagen die Studenten.

„Ihr müsst immer erst nachdenken, bevor ihr handelt. Ihr müsst euch immer um die großen Steine kümmern, okay?"

„Ja, das müssen wir", antworten die Studenten.

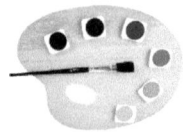

22

Die Audiodatei

Крі́стіан працю́є у видавни́цтві

Kristian arbeitet in einem Verlag

 A

Слова́

1. автовідповіда́ч - der Anrufbeantworter
2. важки́й - schwer
3. відмовля́ти(-ся) - ablehnen
4. вмі́ння, на́вичка - die Fähigkeit
5. втíшний, куме́дний - lustig
6. газе́та - die Zeitung
7. гото́вий - fertig
8. гра́ - das Spiel
9. дзвони́ти - anrufen
10. дощ- der Regen
11. журна́л - die Zeitschrift
12. за́мість (+Genitive) - anstelle
13. запи́сувати - aufnehmen
14. зна́чити, означа́ти - bedeuten
15. і так да́лі - usw.
16. істо́рія - die Geschichte
17. кліє́нт - der Kunde
18. компа́нія - die Firma
19. координа́ція - die Koordination
20. люди́на - der Mensch; лю́дський - menschlich

21. майбýтній - zukünftig
22. мінімум - wenigstens
23. можлúвий - möglich
24. на вýлиці - draußen
25. ніс - die Nase
26. ніхтó - niemand
27. нічогó / ніщó - nichts
28. оскíльки - da, weil
29. особлúво - vor allem
30. отрúмати, одéржати - bekommen
31. пéред - gegen, vor, bevor
32. переконáтися - eine Überzeugung gewinnen
33. під чáс - zu Zeiten
34. підійтú для... - geeignet sein für...
35. прáвило - die Regel
36. привíт, здорóв - hallo
37. прогýлянка - Spaziergang
38. продавáти - verkaufen
39. профéсія - der Beruf
40. рíзний - verschieden

41. розвивáти - entwickeln
42. розмовля́ти´- sich unterhalten
43. світ - die Welt
44. сигнáл - der Piepton
45. склáсти / складáти - entwerfen, verfassen
46. сон - schlafen
47. ствóрювати, справляти - herstellen
48. сумнúй - traurig
49. схóди / схíдці - die Treppe
50. твір, композúція - der Entwurf, der Text
51. твóрчий - kreativ
52. тéкст - der Text
53. тéмний - dunkel
54. трúдцять - dreißig
55. холóдний - kalt; хóлод - die Kälte
56. як мóжна частíше / якнайчастíше - so oft wie möglich
57. як щóдо...? - was ist mit...?

B

Крíстіан працю́є у видавнúцтві

Крíстіан працю́є молодшúм помíчником у видавнúцтві «Все підря́д». Він викóнує письмóву робóту.

«Крíстіане, нáзва нáшої фíрми "Все підря́д", - кáже керівнúк фíрми пан Лис. - І це означáє, що ми мóжемо зробúти

Kristian arbeitet in einem Verlag

Kristian arbeitet als junger Helfer im Verlag All-Round. Er erledigt Schreibarbeiten.

„Kristian, unsere Firma heißt All-Round", sagt der Firmenchef Herr Lis. „Und das heißt, dass wir für jeden Kunden

будь-яки́й те́кстовий твір і дизайнерську роботу для будь-якого клієнта. Ми отри́муємо бага́то замо́влень від газе́т, журна́лів та і́нших кліє́нтів. Усі́ замо́влення рі́зні, але ми ніко́ли не відмовля́ємося».

Крі́стіану ду́же подо́бається ця робо́та, тому́ що він мо́же розвива́ти свої́ тво́рчі зді́бності. Він лю́бить тво́рчу робо́ту таку́, як письмо́ві компози́ції й диза́йн. Че́рез те, що він вивча́є диза́йн в університе́ті, то це ду́же підхо́дяща робо́та для його́ майбу́тньої профе́сії.

Сього́дні в па́на Ли́са є кі́лька нови́х завда́нь для ньо́го.

«У нас є кі́лька замо́влень. Ти мо́жеш зроби́ти два з них, - гово́рить пан Лис. - Пе́рше замо́влення від телефо́нної компа́нії. Вони́ ро́блять телефо́ни з автовідповідача́ми. Їм потрі́бні смішні́ те́ксти для автовідповіда́чів. Ніщо́ не продає́ться кра́ще, ніж смішні́ ре́чі. Будь ла́ска, склади́ чоти́ри або п'ять те́кстів».

«Наскі́льки до́вгими вони́ пови́нні бу́ти?» - запи́тує Крі́стіан.

«Вони́ мо́жуть бу́ти від п'яти́ до тридцяти́ слів, - відповіда́є пан Лис. - А дру́ге замо́влення - з журна́лу „Зеле́ний світ". Цей журна́л пи́ше про твари́н, птахі́в, риб і так да́лі. Їм потрі́бен текст

jede Art von Text und Design entwickeln können. Wir bekommen viele Aufträge von Zeitungen, Zeitschriften und anderen Kunden. Alle Aufträge sind verschieden, aber wir lehnen nie einen ab."

Kristian mag diesen Job sehr, da er kreative Fähigkeiten entwickeln kann. Kreative Arbeit wie Schreiben und Design gefällt ihm. Da er Design an der Universität studiert, ist es ein passender Job für seinen zukünftigen Beruf.

Heute hat Herr Lis neue Aufgaben für ihn.

„Wir haben einige Aufträge. Du kannst zwei davon erledigen", sagt Herr Lis. „Der erste Auftrag ist von einer Telefonfirma. Sie stellen Telefone mit Anrufbeantwortern her. Sie brauchen ein paar lustige Texte für die Anrufbeantworter. Nichts verkauft sich besser als etwas Lustiges. Entwirf bitte vier, fünf Texte."

„Wie lang sollen sie sein?", fragt Kristian.

„Sie können fünf bis dreißig Wörter haben", antwortet Herr Lis. „Der zweite Auftrag ist von der Zeitung ‚Grüne Welt'. Diese Zeitung schreibt über Tiere, Vögel, Fische usw. Sie brauchen einen Text über

про будь-яку свійську тварину. Він може бути смішним чи сумним, або просто історія про твою власну тварину. У тебе є тварина?»

«Так. У мене є кіт. Його звуть Фаворит, - відповідає Крістіан. - І я думаю, що зможу написати історію про його трюки. Коли це повинно бути готове?»

«Ці два замовлення повинні бути готові до завтрашнього дня», - відповідає пан Лис.

«Добре. Можна почати зараз?» - запитує Крістіан.

«Так, Крістіане», - говорить пан Лис.

Крістіан приносить тексти наступного дня. У нього п'ять текстів для автовідповідачів. Пан Лис читає їх:

1. «Привіт. Тепер ти скажи щось».

2. «Привіт. Я автовідповідач. А що ти?»

3. «Здрастуйте. Зараз нікого немає дома, крім мого автовідповідача. Тому ви можете поговорити з ним замість мене. Чекайте сигналу».

4. «Це не автовідповідач. Це машина, що записує думки. Після сигналу подумайте про своє ім'я, про причину дзвінка й про номер, куди я зможу подзвонити вам. А я подумаю про те, чи

irgendein Haustier. Er kann lustig oder traurig sein oder einfach eine Geschichte über dein eigenes Haustier. Hast du ein Haustier?"

„Ja, ich habe eine Katze. Sie heißt Favorite", antwortet Kristian. „Und ich denke, ich kann eine Geschichte über ihre Streiche schreiben. Wann sollen die Texte fertig sein?"

„Diese zwei Aufträge sollen bis morgen fertig sein", antwortet Herr Lis.

„Gut. Kann ich anfangen?", fragt Kristian.

„Ja", sagt Herr Lis.

Kristian bringt die Texte am nächsten Tag. Er hat fünf Texte für den Anrufbeantworter. Herr Lis liest sie:

1. „Hallo. Jetzt musst du etwas sagen".

2. „Hallo, ich bin ein Anrufbeantworter. Und was bist du?"

3. „Hallo. Außer meinem Anrufbeantworter ist gerade niemand zuhause. Du kannst dich mit ihm unterhalten. Warte auf den Piepton".

4. „Das ist kein Anrufbeantworter. Das ist ein Gedankenaufnahmegerät. Nach dem Piepton denke an deinen Namen, den Grund, aus dem du anrufst, und die Nummer, unter der ich dich zurückrufen kann. Und ich werde darüber nachdenken,

дзвони́ти вам».

5. «Говорі́ть пі́сля сигна́лу! У вас є пра́во мовча́ти. Я запишу́ й ви́користаю все, що ви ска́жете».

«Це непога́но. А як щóдо тварúн?» - запи́тує пан Лис. Крíстіан дає йому́ íнший а́ркуш папе́ру. Пан Лис чита́є:

Кíлька пра́вил для кíшок

Прогу́лянка:

Якнайчастíше шви́дко бíгайте якнайбли́жче пéред людьми́, осóбливо на схíдцях, коли́ у них є щось в рука́х, в тéмряві, та коли́ вони́ тíльки вста́ли вра́нці. Це потренує їхню координа́цію.

В лíжку:

Вночí завжди́ спíть на люди́ні. Так він або́ вона́ не змóжуть поверну́тися в лíжку. Намага́йтеся лежа́ти на йогó абó її обли́ччі. Переконáйтеся, що ваш хвіст на їхньому нóсі.

Сон:

Щоб ма́ти бага́то енéргії для íгор, кíшка пови́нна бага́то спа́ти (мíнімум шістна́дцять годи́н у дéнь). Це не ва́жко знайти́ підходя́ще мíсце для сну. Підíйде бу́дь-яке мíсце, де лю́бить сидíти люди́на. Та́кож є га́рні місця́ на ву́лиці. Але́ ви не змóжете використóвувати їх під час дощу́ абó

ob ich dich zurückrufe.“

5. „Sprechen Sie nach dem Piepton! Sie haben das Recht, Ihre Aussage zu verweigern. Ich werde alles, was Sie sagen, aufzeichnen und verwenden.“

„Nicht schlecht. Und was ist mit den Tieren?“, fragt Herr Lis. Kristian gibt ihm ein anderes Blatt. Herr Lis liest:

Regeln für Katzen

Laufen:

Renne so oft wie möglich schnell und nahe an einem Menschen vorbei, vor allem: auf Treppen, wenn sie etwas tragen, im Dunkeln und wenn sie morgens aufstehen. Das trainiert ihre Koordination.

Im Bett:

Schlafe nachts immer auf dem Menschen, damit er sich nicht umdrehen kann. Versuche, auf seinem Gesicht zu liegen. Vergewissere dich, dass dein Schwanz genau auf seiner Nase liegt.

Schlafen:

Um genug Energie zum Spielen zu haben, muss eine Katze viel schlafen (mindestens 16 Stunden am Tag). Es ist nicht schwer, einen passenden Schlafplatz zu finden. Jeder Platz, an dem ein Mensch gerne sitzt, ist gut. Draußen gibt es auch viele gute Plätze. Du kannst sie aber nicht verwenden, wenn es regnet oder kalt ist.

коли́ хо́лодно. За́мість цього́ ви мо́жете скориста́тися відчи́неними ві́кнами.

Пан Лис сміє́ться.

«Га́рна робо́та, Крі́стіане! Я ду́маю, журна́лу „Зеле́ний світ" сподо́бається твоя́ компози́ція», - гово́рить він.

Du kannst stattdessen das offene Fenster verwenden.

Herr Lis lacht.

„Gute Arbeit, Kristian! Ich denke, die Zeitung ‚Grüne Welt' wird deinen Entwurf mögen", sagt er.

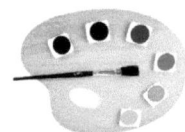

23

Die Audiodatei

Пра́вила для кі́шок

Katzenregeln

A

Слова́

1. абсолю́тний / по́вний / цілковитий - absolut
2. втік / утік - lief weg
3. гість - der Gast
4. диви́тися - zuschauen
5. дити́на - das Kind
6. дома́шня рабо́та - die Hausaufgaben
7. ду́маючи / гада́ючи - denkend
8. забу́ти - vergessen
9. за́гадка - das Rätsel
10. задово́лення - der Spaß
11. захопи́ти - erbeuten

12. зза́ду - hinter
13. зра́зу - gleich
14. зумі́ти - schaffen
15. ї́жа - das Essen
16. і́нколи, і́ноді, де́коли - manchmal, ab und zu
17. клавіату́ра - die Tastatur
18. кома́р - die Stechmücke
19. кра́сти / цу́пити - stehlen
20. крок - der Schritt
21. куса́ти - beißen
22. любо́в / коха́ння - die Liebe; люби́ти / коха́ти - lieben
23. ма́ло - wenig
24. наступа́ти - treten
25. нога́ - das Bein
26. панікува́ти - in Panik versetzen
27. плане́та - der Planet
28. пого́да - das Wetter
29. приготува́ння ї́жі - das Kochen
30. прики́нутися / прикида́тися / придури́тися - vorgeben; so tun, als ob
31. приму́сити / приму́шувати - zwingen
32. сезо́н - die (Jahres)zeit
33. секре́т - das Geheimnis
34. смачни́й - lecker
35. става́ти- werden
36. тарі́лка - der Teller
37. те́рти(-ся) - reiben (sich)
38. туале́т - die Toilette
39. укриття́ - die Abdeckung
40. хова́ти(-ся) - sich verstecken; хо́ванки - das Versteckspiel
41. хоча́ - obwohl
42. цілува́ти - küssen
43. чита́ння - das Lesen
44. чита́ючий - lesende
45. шанс - die Chance
46. шко́ла - die Schule
47. що-не́будь, щось - etwas

 B

Пра́вила для кі́шок

«Журна́л „Зеле́ний Світ" розмі́щує нове́ замо́влення, - гово́рить пан Лис Крі́стіану насту́пного дня. - І це замо́влення для те́бе, Крі́стіане. Їм подо́бається твій твір і вони́ хо́чуть бі́льший текст про „Пра́вила для

Katzenregeln

„Die Zeitschrift ‚Grüne Welt' hat uns einen neuen Auftrag erteilt", sagt Herr Lis am nächsten Tag zu Kristian. "Und dieser Auftrag ist für dich. Ihnen hat dein Entwurf gefallen und sie wollen einen

кішок"».

Складáння цьóго тéксту займáє у Крíстіана два днí. Ось він.

Дéкілька секрéтних прáвил для кішок

Хочá кішки найкрáщі та найдивовúжніші тварúни на цій планéті, íноді вонú рóблять дúвні рéчі. Однóму з людéй вдалóся довíдатися кíлька Котя́чих Секрéтів. Це - дéкілька прáвил життя́, щоб захопúти світ! Алé як ці прáвила допомóжуть кíшкам, усé ще залишáється пóвною зáгадкою для людéй.

Вáнні кімнáти:

Завждú ходíть із гíстьми у вáнну й туалéт. Вам не трéба нічóго робúти. Прóсто сидíть і дивíться й íноді трíться об їхні нóги.

Двéрі:

Всі двéрі повúнні бýти відчúнені. Щоб двері відчинúли, стíйте, сýмно дúвлячись на людéй. Колú вонú відчиня́ють двéрі, вам не обов'язкóво прохóдити в них. Пíсля тóго, як ви відчúните такúм спóсобом двéрі на вýлицю, стáньте в двéрях і подýмайте про що-нéбудь. Це особлúво важлúво під час холóдної погóди, дощý або сезóну комарíв.

längeren Text über ‚Katzenregeln'."

Kristian braucht zwei Tage für diesen Text. Hier ist er.

Geheime Regeln für Katzen

Obwohl Katzen die besten und wundervollsten Tiere auf diesem Planeten sind, tun sie manchmal sehr seltsame Dinge. Einem Menschen ist es gelungen, ein paar Katzengeheimnisse zu stehlen. Es sind Lebensregeln, um die Weltherrschaft zu übernehmen! Es bleibt jedoch ein Rätsel, wie diese Regeln den Katzen helfen sollen.

Badezimmer:

Gehe immer mit Gästen ins Badezimmer und auf die Toilette. Du musst nichts tun. Sitze einfach nur da, schaue sie an und reibe dich ab und zu an ihren Beinen.

Türen:

Alle Türen müssen offen sein. Um eine Tür zu öffnen, stelle dich mit einem traurigen Blick vor den Menschen. Wenn er eine Tür öffnet, musst du nicht durchgehen. Wenn du auf diese Weise die Haustür geöffnet hast, bleibe in der Tür stehen und denke nach. Das ist vor allem wichtig, wenn es sehr kalt ist oder regnet oder in der Stechmückenzeit.

Готува́ння ї́жі:

Завжди́ сиді́ть зра́зу поза́ду пра́вої ноги́ люди́ни, так, щоб вона́ не ба́чила вас. І тоді́ бу́де ви́щий шанс, що люди́на насту́пить на вас. Коли́ це відбува́ється, вони́ беру́ть вас на ру́ки і даю́ть пої́сти щось смачне́.

Чита́ння книг:

Стара́йтеся підійти́ бли́жче до обли́ччя чита́ючої люди́ни, між очи́ма й кни́гою. Кра́ще за все лягти́ на кни́гу.

Шкільна́ дома́шня робо́та діте́й:

Ляга́йте на кни́ги й зо́шити та прики́ньтеся, що спите́. Але́ і́ноді стриба́йте на авторучку. Куса́йтеся, якщо́ дити́на спро́бує прибра́ти вас зі сто́лу.

Комп'ю́тер:

Якщо́ люди́на працю́є на комп'ю́тері, стрибні́ть на стіл і пройді́ть по клавіату́рі.

Ї́жа:

Кі́шки пови́нні ї́сти бага́то. Але́ ї́жа - лише́ полови́на задово́лення. Інша полови́на - до́бути ї́жу. Коли́ лю́ди їдя́ть, покладі́ть хвіст у ї́хню тарі́лку, коли́ вони́ не ди́вляться. Це дасть вам кра́щі ша́нси одержа́ти по́вну тарі́лку ї́жі. Ніко́ли не ї́жте зі своє́ї вла́сної тарі́лки, якщо́ ви мо́жете взя́ти ї́жу зі

Kochen:

Setze dich immer genau hinter den rechten Fuß von kochenden Menschen. So können sie dich nicht sehen und die Chance ist größer, dass sie auf dich treten. Wenn das passiert, nehmen sie dich auf den Arm und geben dir etwas Leckeres zu essen.

Lesen:

Versuche, nahe an das Gesicht der lesenden Person zu kommen, zwischen Augen und Buch. Am besten ist es, sich auf das Buch zu legen.

Hausaufgaben der Kinder:

Lege dich auf Bücher und Hefte und tue so, als ob du schläfst. Springe von Zeit zu Zeit auf den Stift. Beiße, falls ein Kind versucht, dich vom Tisch zu verscheuchen.

Computer:

Wenn ein Mensch am Computer arbeitet, springe auf den Tisch und laufe über die Tastatur.

Essen:

Katzen müssen viel essen. Aber Essen ist nur der halbe Spaß. Die andere Hälfte ist, das Essen zu bekommen. Wenn Menschen essen, lege deinen Schwanz auf ihren Teller, wenn sie nicht hinschauen. Damit vergrößerst du deine Chancen, einen ganzen Teller Essen zu bekommen. Iss nie von deinem eigenen Teller, wenn du Essen

столу. Ніко́ли не пи́йте зі своє́ї вла́сної тарі́лки з водо́ю, якщо́ ви мо́жете пи́ти із ча́шки люди́ни.

Хо́ванки:

Хова́йтеся в місця́х, де лю́ди не змо́жуть знайти́ вас кі́лька днів. Це зму́сить люде́й панікува́ти (вони́ це лю́блять), ду́маючи, що ви втекли́. Коли́ ви ви́йдете з укриття́, лю́ди бу́дуть цілува́ти вас і пока́зувати свою́ любо́в. І ви змо́жете оде́ржати щось смачне́.

Лю́ди:

Завда́ння люде́й - годува́ти нас, гра́тися з на́ми й чи́стити наш я́щик. Важли́во, щоб вони́ не забува́ли, хто хазя́їн у до́мі.

vom Tisch nehmen kannst. Trink nie aus deiner eigenen Schüssel, wenn du aus der Tasse eines Menschen trinken kannst.

Verstecken:

Verstecke dich an Orten, an denen dich Menschen ein paar Tage lang nicht finden können. Das wird die Menschen in Panik versetzen (was sie lieben), weil sie glauben, dass du weggelaufen bist. Wenn du aus deinem Versteck hervorkommst, werden sie dich küssen und dir ihre Liebe zeigen. Und du bekommst vielleicht etwas Leckeres.

Menschen:

Die Aufgabe des Menschen ist, uns zu füttern, mit uns zu spielen und unsere Kiste sauber zu machen. Es ist wichtig, dass sie nicht vergessen, wer der Chef im Haus ist.

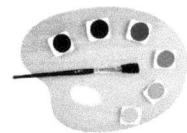

24

Робо́та в кома́нді

Gruppenarbeit

 A

Слова́

1. Бори́с Прово́рнов - Boris Provornov
2. бу́дь-який - jeder; оди́н з вас - einer von euch
3. вби́в - tötete, getötet (part.)
4. взя́ти уча́сть - teilnehmen
5. виклада́ч - beibringen, lehren
6. війна́ - der Krieg
7. вмира́ти - sterben, вмер - starb
8. вна́слідок, че́рез - wegen
9. до - bis, zu

10. (з)раді́ти - froh werden
11. закі́нчив / заверши́в - machte fertig
12. згада́в - erinnerte sich
13. зда́тися - aufgeben
14. земля́ - die Erde
15. знав - wusste
16. зни́щити - zerstören
17. зупини́в - beendete
18. інопланетя́нин / прибу́лець - der Außerirdische

19. капіта́н - der Kapitän
20. кві́тка - die Blume
21. коле́га - der Kollege
22. коро́ткий - kurz
23. космі́чний корабе́ль - das Raumschiff
24. ко́смос - das Weltall
25. ла́зер - der Laser
26. люби́в - liebte, geliebt
27. мав - hatte, gehabt
28. мілья́рд - Billionen
29. напра́вив на - richtete
30. на́чебто - als ob
31. па́дати - fallen; упав - fiel
32. пе́ред тим, як - zuvor
33. пішо́в - ging (weg)
34. повідо́мив - informierte, teilte mit
35. подиви́вся - sah, schaute, geschaut
36. полеті́в - flog weg
37. посміхну́вся - lächelte, gelächelt
38. поча́в - begann, begonnen
39. працю́ючий - arbeitende

40. прекра́сний - wunderschön
41. прийшо́в - kam, gekommen
42. продо́вжити- fortführen
43. про́ти - gegen
44. рада́р - der Radar
45. ра́діо - das Radio
46. руйнува́ти - zerstören
47. ру́хався - bewegte sich
48. сад - der Garten
49. серіа́л - die Serie
50. сказа́в - sagte
51. ско́ро, невдо́взі - bald
52. спри́тний, жва́вий - schnelle
53. танцюва́ти - tanzen; танцюва́в - tanzte; танцю́ючи - tanzend
54. телеві́зор - der Fernseher
55. ти́сяча - tausend
56. тряс(-ся) - wackelte
57. увімкну́в - machte an
58. центра́льний - Haupt-, zentral
59. чув - hörte, gehört

 В

Робо́та в кома́нді

Па́ша хо́че бути журналі́стом. Він навча́ється в университе́ті. У ньо́го сього́дні уро́к з тво́ру. Пан Соколо́в навча́є студе́нтів писа́ти компози́ції.

«Дорогі́ дру́зі, - гово́рить він, -

Gruppenarbeit

Pascha will Journalist werden. Er studiert an der Universität. Heute hat er einen Schreibkurs. Herr Sokolov bringt den Studenten bei, Artikel zu schreiben.

„Liebe Freunde", sagt er, „ein paar von

дéкотрі з вас працюва́тимуть у видавни́цтвах, газе́тах або журна́лах, на ра́діо або телеба́ченні. Це означа́є, що ви бу́дете працюва́ти в кома́нді. Робо́та в кома́нді - спра́ва непроста́. За́раз я хочу́, щоб ви спро́бували скласти журналі́стський твір в кома́нді. Мені́ потрі́бен хло́пець і ді́вчина».

Бага́то студе́нтів хо́чуть взяти у́часть у кома́ндній робо́ті. Пан Соколо́в вибира́є Па́шу й Ке́рол. Ке́рол з Іспа́нії, але́ вона́ володі́є украї́нською мо́вою ду́же до́бре.

«Будь ла́ска, ся́дьте за цей стіл. Тепе́р ви - коле́ги, - гово́рить їм пан Соколо́в. - Ви напи́шете коро́тку компози́цію. Ко́жен з вас почне́ компози́цію й по́тім переда́сть її колéзі. Ваш коле́га прочита́є твір і продо́вжить його́. По́тім відда́сть назад і пе́рший прочита́є й продо́вжить його́. І так да́лі, по́ки ваш час не закі́нчиться. Я даю вам два́дцять хвили́н».

Пан Соколо́в дає́ їм папі́р і Ке́рол почина́є. Вона́ тро́хи ду́має й пи́ше.

Колекти́вний твір

Ке́рол: Ю́лія подиви́лася у вікно́. Кві́ти в її саду́ ру́халися (воруши́лися) на вітрі, на́чебто танцю́ючи. Вона́

euch werden für Verlage, Zeitungen oder Zeitschriften, das Radio oder das Fernsehen arbeiten. Das bedeutet, dass ihr in einer Gruppe arbeiten werdet. Es ist nicht einfach, in einer Gruppe zu arbeiten. Ich möchte, dass ihr jetzt versucht, in einer Gruppe einen journalistischen Text zu schreiben. Ich brauche einen Jungen und ein Mädchen."

Viele Studenten wollen bei der Gruppenarbeit mitmachen. Herr Sokolov wählt Pascha und Carol. Carol kommt aus Spanien, aber sie spricht sehr gut Ukrainisch.

„Setzt auch bitte an diesen Tisch. Ihr seid jetzt Kollegen", sagt Herr Sokolov zu ihnen. „Ihr werdet einen kurzen Text schreiben. Einer von euch beginnt den Text und gibt ihn dann seinem Kollegen. Der Kollege liest den Text und führt ihn dann fort. Dann gibt euer Kollege ihn zurück, der Erste liest ihn und führt ihn fort. Und so weiter, bis die Zeit vorbei ist. Ihr habt zwanzig Minuten".

Herr Sokolov gibt ihnen Papier und Carol fängt an. Sie denkt kurz nach und schreibt dann.

Gruppenarbeit

Carol: Julia sah aus dem Fenster. Die Blumen in ihrem Garten bewegten sich im Wind, als ob sie tanzten. Sie erinnerte sich

згадáла той вéчір, коли танцювáла з Борúсом. Це булó рік тому, алé вонá пам'ятáла все - йогó блакúтні óчі, йогó пóсмішку і йогó гóлос. Це був щаслúвий час для нéї, алé тепéр він скінчúвся. Чомý він був не з нéю?

Пáша: У цю секýнду космíчний капітáн Борúс Провóрнов був на космíчному кораблí «Біла зíрка». У ньóго булó важлúве завдáння й у ньóго не булó чáсу дýмати про ту дурнý дíвчину, з якóю він танцювáв рік тому. Він швúдко напрáвив лáзери «Білої зíрки» на зорелéти інопланетáн. Пóтім він увімкнýв рáдіо й сказáв інопланетáнам: «Я даю вам однý годúну, щоб здáтися. Якщó за годúну ви не здастéся, я знúщу вас».

Алé пéред тим, як він закíнчив, лáзер прибýльців удáрив у лíвий двигýн «Білої зíрки». Лáзер Борúса почáв бúти по інопланéтних корабляʹх і цієʹ ж секýнди він увімкнýв центрáльний і прáвий двигунú. Лáзер інопланетáн зруйнувáв працюючий прáвий двигýн і «Біла зíрка» сúльно затряслáся. Борúс упáв на підлóгу, дýмаючи під час падíння, котрúй з інопланéтних кораблíв він повúнен знúщити пéршим.

Кéрол: Алé він удáрився головóю об метáлéву підлóгу й помéр тієʹ ж

an den Abend, an dem sie mit Boris getanzt hatte. Das war vor einem Jahr, aber sie erinnerte sich an alles - seine blauen Augen, sein Lächeln, seine Stimme. Das war eine glückliche Zeit für sie gewesen, aber die war nun vorbei. Warum war er nicht bei ihr?

Pascha: Zu dieser Zeit war Raumschiffkapitän Boris Provornov in seinem Raumschiff White Star. Er hatte eine wichtige Mission und keine Zeit, über dieses dumme Mädchen, mit dem er vor einem Jahr getanzt hatte, nachzudenken. Schnell richtete er den Laser der White Star auf Raumschiffe Außerirdischer. Dann stellte er das Funkgerät an und sprach zu den Außerirdischen: „Ihr habt eine Stunde, um aufzugeben. Wenn ihr in einer Stunde nicht aufgebt, werde ich euch zerstören."

Kurz bevor er seine Rede beendet hatte, traf jedoch ein Laser der Außerirdischen den linken Motor der White Star. Laser von Boris begann, auf die Raumschiffe der Außerirdischen zu schießen, und gleichzeitig schaltete Boris den Hauptmotor und den rechten Motor an. Der Laser der Außerirdischen zerstörte den funktionierenden rechten Motor und die White Star wackelte stark. Boris fiel auf den Boden und überlegte währenddessen, welches der Raumschiffe der Außerirdischen er zuerst zerstören müsse.

Carol: Aber er schlug mit seinem Kopf auf dem metallenen Boden auf und war

секу́нди. Але́ пе́ред тим, як він поме́р, він згада́в про бі́дну прекра́сну дівчину, яка́ коха́ла його́, й ду́же пошкодува́в, що пішо́в від не́ї. Невдо́взі люди припини́ли цю дурну́ війну́ про́ти бі́дних інопланетя́н. Вони́ зни́щили всі свої́ зореле́ти й ла́зери й повідо́мили інопланетя́нам, що люди ніко́ли зно́ву не почну́ть війну́ про́ти них. Люди сказа́ли, що вони́ хо́чуть бу́ти друзя́ми інопланетя́н. Юлі́я ду́же зраді́ла, коли́ почу́ла про це. По́тім вона́ увімкну́ла телеві́зор і продо́вжила диви́тися дивови́жний мексика́нський серіа́л.

Па́ша: Че́рез те, що люди зни́щили свої́ вла́сні рада́ри, ніхто́ не знав, що зореле́ти інопланетя́н підійшли́ ду́же бли́зько до Землі́. Ти́сячі інопланє́тних ла́зерів уда́рили в Зе́млю й за одну́ секу́нду вби́ли бі́дну дурну́ Ю́лію й п'ять мілья́рдів люде́й. Земля́ була́ зни́щена і її́ шматки́ розлеті́лися в ко́смосі.

«Як я ба́чу, ви заверши́ли до то́го, як закі́нчився ваш час, - посміхну́вся пан Соколо́в. - Ну що ж, уро́к закі́нчено. Дава́йте прочита́ємо й поговори́мо про цю компози́цію під час насту́пного уро́ку».

sofort tot. Bevor er starb, dachte er noch an das arme schöne Mädchen, das ihn liebte, und es tat ihm sehr leid, dass er sie verlassen hatte. Kurz darauf beendeten die Menschen den dummen Krieg gegen die armen Außerirdischen. Sie zerstörten alle ihre eigenen Raumschiffe und Laser und informierten die Außerirdischen, dass die Menschen nie wieder einen Krieg gegen sie beginnen würden. Die Menschen sagten, sie wollten Freunde der Außerirdischen sein. Julia war sehr froh, als sie davon hörte. Dann machte sie den Fernseher an und schaute eine tolle deutsche Serie weiter.

Pascha: Da die Menschen ihre eigenen Radare und Laser zerstört hatten, wusste niemand, dass Raumschiffe der Außerirdischen der Erde sehr nahe kamen. Tausende Laser der Außerirdischen trafen die Erde und töten die arme, dumme Julia und fünf Billionen Menschen in einer Sekunde. Die Erde war zerstört und ihre Teile flogen in den Weltraum hinaus.

„Wie ich sehe, habt ihr euren Text fertig, bevor die Zeit um ist", sagte Herr Sokolov lächelnd. „Gut, der Unterricht ist vorbei. Lasst uns das nächste Mal diese Gruppenarbeit lesen und darüber sprechen."

25

Die Audiodatei

Róберт і Páша шукáють новý робóту

Robert und Pascha suchen einen neuen Job

A

Словá

1. акурáтний - fleissige
2. анкéта - der Fragebogen
3. бруднúй - dreckig
4. в той час, як / пóки - während
5. вгóлос - laut
6. ветеринáр - der Tierarzt
7. вид / тип - Art, Typ
8. винагорóда - die Entlohnung
9. вік - das Alter
10. Гéншер - Genscher (Name)
11. дозвóлити / дозволя́ти - erlauben, gestatten
12. домáшня тварúна - das Haustier
13. заперéчувати - dagegen sein, protestieren
14. здíбність / обдарóваність- die Begabung
15. знайшóв - gefunden

16. ідéя - die Idee

17. інженéр - der Ingenieur

18. іспáнський - spanische

19. кúлим- der Teppich

20. консультáція - die Beratung

21. котеня́ - das Kätzchen

22. лíдер - der Führer

23. лíкар - der Arzt

24. мéтод - die Methode

25. мистéцтво - die Kunst

26. монотóнний - monoton

27. мрíя - der Traum; мрíяти - träumen

28. обслýговувати - bedienen

29. оголóшення - das Inserat

30. особúстий - persönlich

31. оцíнювати - beurteilen

32. пацюк - die Ratte

33. перегортáти (сторінку) - durchblättern

34. перекладáч - der Übersetzer

35. перш ніж - bevor

36. письмéнник - der Schriftsteller

37. привітáти - grüssen

38. прирóда - die Natur

39. (про)аналізувáти - analysieren

40. програмíст - der Programmierer

41. рекомендувáти - empfehlen, рекомендáція - die Empfehlung

42. роз'їжджáти - reisen

43. рýбрика - die Rubrik

44. спаніéль - der Spaniel

45. сусíд - der Nachbar

46. фéрмер - der Bauer

47. хúтрий - schlau

48. худóжник - der Künstler

49. цуценя́ - der Welpe

B

Рóберт і Пáша шукáють новý робóту

Рóберт і Пáша вдóма у Пáши. Пáша прибирáє стіл після снідáнку, а Рóберт читáє реклáму й оголóшення в газéті. Він читáє рýбрику «Тварúни». Áня, сестрá Пáши, теж у кімнáті. Вонá намагáється піймáти кішку, якá ховáється під лíжком.

Robert und Pascha suchen einen neuen Job

Robert und Pascha sind bei Pascha zuhause. Pascha macht den Tisch nach dem Frühstück sauber und Robert liest Anzeigen und Inserate in der Zeitung. Er liest die Rubrik „Tiere". Paschas Schwester Ania ist auch im Zimmer. Sie versucht, die Katze, die sich unterm Bett

«Так бага́то безкошто́вних твари́н у газе́ті. Я напе́вно ви́беру кі́шку або́ соба́ку. Па́шо, як ти гада́єш?» - запи́туе Ро́берт Па́шу.

«А́ню, не дойма́й ки́цьку! - ка́же Па́ша серди́то. - Що ж, Ро́берте, це непога́на іде́я. Твій улю́бленець завжди́ чека́тиме тебе́ вдо́ма. Він бу́де таки́й ра́дий, коли́ ти верта́тимешся додо́му й дава́тимеш йому́ ї́жу. І не забува́й, що ти пови́нен бу́деш гуля́ти зі свої́м улю́бленцем ра́нками й вечора́ми або́ чи́стити його́ коро́бку. Іноді тобі́ доведе́ться чи́стити ки́лим або́ вози́ти свого́ улю́бленця до ветерина́ра. Тому́ поду́май гарне́нько перш ніж бра́ти твари́ну».

«Ось, тут є кі́лька оголо́шень. Послу́хай, - ка́же Ро́берт і почина́е чита́ти вго́лос:

„Зна́йдено брудно́го бі́лого соба́ку, на ви́гляд як пацю́к. Напе́вно до́вго жив на ву́лиці. Відда́м за винагоро́ду.“

Ось іще́ одне́:

„Іспа́нська вівча́рка, гово́рить по-іспа́нськи. Відда́м безкошто́вно. І безкошто́вні цуценя́та наполови́ну спаніе́ль і наполови́ну хи́трий сусі́дський соба́ка.“».

Ро́берт ди́виться на Па́шу: «Як соба́ка мо́же говори́ти по-іспа́нськи?»

versteckt, zu fangen.

„Es gibt so viele kostenlose Tiere in der Zeitung. Ich denke, ich werde mir eine Katze oder einen Hund aussuchen. Was meinst du, Pascha?", fragt Robert Pascha.

„Ania, hör auf, die Katze zu ärgern", sagt Pascha wütend. „Na ja, Robert, das ist keine schlechte Idee. Dein Haustier wartet immer zuhause auf dich und ist so glücklich, wenn du nach Hause kommst und ihm Futter gibst. Und vergiss nicht, dass du morgens und abends mit deinem Tier Gassi gehen oder seine Kiste sauber machen musst. Manchmal musst du den Boden putzen oder mit dem Tier zum Tierarzt gehen. Also, denk gut darüber nach, bevor du dir ein Haustier anschaffst."

„Also, hier sind ein paar Anzeigen. Hör zu", sagt Robert und beginnt, laut vorzulesen:

„Habe einen dreckigen, weißen Hund gefunden, schaut aus wie eine Ratte. Hat vielleicht lange auf der Straße gelebt. Ich gebe ihn für Geld her."

Und hier noch eine:

„Spanischer Hund, spricht Spanisch. Gebe ihn kostenlos ab. Und kostenlose Welpen, halb Spaniel, halb schlauer Nachbarshund."

«Вона́, напе́вно, розумі́є іспа́нську. Ти розумі́єш іспа́нську?» - запи́тує Па́ша, посміха́ючись.

«Я не розумі́ю іспа́нську. Послу́хай, ось іще́ одне́ оголо́шення:

„Відда́м безкошто́вно фе́рмерських котеня́т. Гото́ві ї́сти. Ї́стимуть все.“».

Ро́берт перегорта́є сторі́нку, «Гара́зд, я ду́маю , твари́ни мо́жуть почека́ти. Кра́ще я пошука́ю робо́ту». Він знахо́дить ру́брику про робо́ту й чита́є вго́лос:

«Ви шука́єте підходя́щу робо́ту? Прихо́дьте в трудову́ консульта́цію „Підходя́щий персона́л“ і отри́майте професі́йну допомо́гу. Наш консульта́нт проаналізу́є Ва́ші особи́сті зді́бності й порекоменду́є Вам найбі́льш підходя́щу робо́ту».

Ро́берт піднімає по́гляд і гово́рить: «Па́шо, що ти ду́маєш?»

«Підходя́ща робо́та для вас - це ми́ти вантажі́вку в мо́рі й пуска́ти її́ попла́вати», - гово́рить А́ня і шви́дко вибіга́є з кімна́ти.

«Це непога́на іде́я. Ході́мо пря́мо за́раз», - гово́рить Па́ша й акура́тно вийма́є кі́шку із ча́йника, куди́ А́ня посади́ла твари́ну хвили́ну наза́д.

Ро́берт і Па́ша приїжджа́ють у

Robert schaut Pascha an: „Wie kann ein Hund Spanisch sprechen?"

„Ein Hund kann Spanisch verstehen. Verstehst du Spanisch?", fragt Pascha grinsend.

„Ich verstehe kein Spanisch. Hör zu, hier ist noch eine Anzeige:

Gebe kostenlos Kätzchen vom Bauernhof her. Fertig zum Essen. Sie essen alles."

Robert blättert die Zeitung um. „Na gut, ich denke, Tiere können warten. Ich suche besser einen Job." Er findet die Stellenanzeigen und liest laut:

„Suchen Sie nach einem passenden Job? Die Arbeitsvermittlung ‚Passende Mitarbeiter' kann Ihnen helfen. Unsere Berater beurteilen ihre persönliche Begabung und erstellen Ihnen eine Empfehlung für den passendsten Beruf."

Robert schaut auf und sagt: „Was meinst du, Pascha?"

„Der beste Job für euch ist, einen Laster im Meer zu waschen und ihn wegschwimmen zu lassen", sagt Ania und rennt dann schnell aus dem Zimmer.

„Keine schlechte Idee. Lass uns gleich gehen", antwortet Pascha und holt vorsichtig die Katze aus dem Kessel, in den Ania sie kurz zuvor gelegt hatte.

трудову́ консульта́цію «Підходя́щий персона́л» на свої́х велосипе́дах. Че́рги нема́є, тому́ вони́ вхо́дять пря́мо всере́дину. Там знахо́дяться дві жі́нки. Одна́ з них гово́рить по телефо́ну. Інша жі́нка щось пи́ше. Вона́ привіта́є Ро́берта й Па́шу й про́сить їх присі́сти. Її́ ім'я́ Да́р'я Акура́тнова. Вона́ запи́тує їхні імена́ й вік.

«Ну що ж, дозво́льте мені́ поясни́ти ме́тод, яки́й ми використо́вуємо. Є п'ять ви́дів профе́сій.

1. Пе́рший вид - це люди́на - приро́да. Профе́сії: фе́рмер, працівни́к зоопа́рку і так да́лі.

2. Дру́гий вид - це люди́на - маши́на. Профе́сії: піло́т, води́й таксі́, води́й вантажі́вки і так да́лі.

3. Тре́тій вид - це люди́на - люди́на. Профе́сії: лі́кар, учи́тель, журналі́ст і так да́лі.

4. Четве́ртий вид - це люди́на - обчи́слювальні систе́ми. Профе́сії: переклада́ч, інжене́р, програмі́ст і так да́лі.

5. П'я́тий вид - це люди́на - мисте́цтво. Профе́сії: письме́нник, худо́жник, співа́к і так да́лі.

Ми дає́мо пора́ди про підходя́щу профе́сію ті́льки тоді́, коли́ дові́дуємося

Robert und Pascha fahren mit dem Fahrrad zur Arbeitsvermittlung ‚Passende Mitarbeiter'. Es gibt keine Schlange und sie gehen hinein. Zwei Frauen sind da. Eine von ihnen telefoniert. Die andere schreibt etwas. Sie bittet Robert und Pascha, Platz zu nehmen. Sie heißt Frau Daria Akkuratnova. Sie fragt sie nach ihren Namen und ihrem Alter.

„Gut, lasst mich euch die Methode, nach der wir arbeiten, erklären. Schaut, es gibt fünf Berufskategorien:

1. Die Erste ist Mensch - Natur. Berufe: Sokolov, Tierpfleger usw.

2. Die Zweite ist Mensch - Maschine. Berufe: Pilot, Taxifahrer, Lastwagenfahrer usw.

3. Die Dritte ist Mensch - Mensch. Berufe: Arzt, Lehrer, Journalist usw.

4. Die Vierte ist Mensch - Computer. Berufe: Übersetzer, Ingenieur, Programmierer usw.

5. Die Fünfte ist Mensch - Kunst. Berufe: Schriftsteller, Künstler, Sänger usw.

Wir erstellen Empfehlungen für passende Berufe erst, wenn wir euch besser kennengelernt haben. Lasst mich zuerst

про вас бíльше. Насáмперед дозвóльте проаналізувáти вáші особúстí здíбності. Я повúнна знáти, що вам подóбається й що не подóбається. Тодí ми довíдаємося, якúй вид профéсії вам найбíльше підхóдить. Тепéр, будь лáска, запóвніть, запитáльник», - говóрить пáні Акурáтнова і дає їм запитáльники. Пáша і Рóберт запóвнюють запитáльники.

Запитáльник

Ім'я: Павлó Вадúмович Колобóков
Наглядáти за машúнами - Не заперéчую
Розмовлятú з людьмú - Менí подóбається
Обслугóвувати кліéнтів - Не заперéчую
Водúти автомобíлі - Менí подóбається
Працювáти в примíщенні - Менí подóбається
Працювáти на вýлиці - Менí подóбається
Багáто запам'ятóвувати - Не заперéчую
Подорожувáти - Менí подóбається
Оцíнювати, перевірятú - Менí не подóбається
Бруднá робóта - Не заперéчую
Монотóнна робóта - Менí не подóбається
Важкá робóта - Не заперéчую
Бýти лíдером - Не заперéчую
Працювáти в комáнді - Не заперéчую
Мрíяти під час робóти - Менí подóбається

eure persönlichen Begabungen beurteilen. Ich muss wissen, was ihr mögt und was ihr nicht mögt. Dann wissen wir, welcher Beruf am besten zu euch passt. Füllt jetzt bitte den Fragebogen aus", sagt Frau Akkuratnova und gibt ihnen die Fragebögen. Pascha und Robert füllen die Fragebögen aus.

Fragebogen

Name: Pavel Wadimowitsch Kolobokov
Maschinen beobachten - Habe ich nichts dagegen
Mit Menschen sprechen - Mag ich
Kunden bedienen - Habe ich nichts dagegen
Autos, Lastwagen fahren - Mag ich
Im Büro arbeiten - Mag ich
Draußen arbeiten - Mag ich
Mir viel merken - Habe ich nichts dagegen
Reisen - Mag ich
Bewerten, kontrollieren - Hasse ich
Dreckige Arbeit - Habe ich nichts dagegen
Monotone Arbeit - Hasse ich
Schwere Arbeit - Habe ich nichts dagegen
Führer sein - Habe ich nichts dagegen
In der Gruppe arbeiten - Habe ich nichts dagegen

Тренува́тися - Не запере́чую

Вико́нувати тво́рчу робо́ту - Мені́ подо́бається

Працюва́ти з те́кстами - Мені́ подо́бається

Запитальник

Ім'я: Роберт Геншер

Нагляда́ти за маши́нами - Не запере́чую

Розмовля́ти з людьми́ - Мені́ подо́бається

Обслуго́вувати кліє́нтів - Не запере́чую

Води́ти автомобі́лі - Не запере́чую

Працюва́ти в примі́щенні - Мені́ подо́бається

Працюва́ти на ву́лиці - Мені́ подо́бається

Бага́то запам'ято́вувати - Не запере́чую

Подорожува́ти - Мені́ подо́бається

Оці́нювати, перевіря́ти - Не запере́чую

Брудна́ робо́та - Не запере́чую

Моното́нна робо́та - Мені́ не подо́бається

Важка́ робо́та - Не запере́чую

Бу́ти лі́дером - Мені́ не подо́бається

Працюва́ти в кома́нді - Мені́ подо́бається

Мрі́яти під час робо́ти - Мені́ подо́бається

Тренува́тися - Не запере́чую

Вико́нувати тво́рчу робо́ту - Мені́ подо́бається

Працюва́ти з те́кстами - Мені́ подо́бається

Während der Arbeit träumen - Mag ich

Trainieren - Habe ich nichts dagegen

Kreative Arbeit - Mag ich

Mit Texten arbeiten - Mag ich

Fragebogen

Name: Robert Genscher

Maschinen beobachten - Habe ich nichts dagegen

Mit Menschen sprechen - Mag ich

Kunden bedienen - Habe ich nichts dagegen

Autos, Lastwagen fahren - Habe ich nichts dagegen

Im Büro arbeiten - Mag ich

Draußen arbeiten - Mag ich

Mir viel merken - Habe ich nichts dagegen

Reisen - Mag ich

Bewerten, kontrollieren - Habe ich nichts dagegen

Dreckige Arbeit - Habe ich nichts dagegen

Monotone Arbeit - Hasse ich

Schwere Arbeit - Habe ich nichts dagegen

Führer sein - Hasse ich

In der Gruppe arbeiten - Mag ich

Während der Arbeit träumen

Trainieren - Habe ich nichts dagegen

Kreative Arbeit - Mag ich

Mit Texten arbeiten - Mag ich

26

Влаштува́ння на робо́ту в газе́ту «Одеса Сьогодні»

Bewerbung bei der „Odessa Siogodni"

A

Слова́

1. взяв - nahm
2. ві́льно - fließend
3. влаштува́ти - einrichten; влаштува́ння на робо́ту - Arbeitsbewerbung
4. дав - gab
5. два́дцять оди́н - einundzwanzig
6. дізна́вся про... - kennengelernt über...
7. до поба́чення - Auf Wiedersehen
8. жіно́чий - weiblich
9. зали́шити - verlassen
10. запита́ти - fragte, gefragt
11. запо́внити - ausfüllen
12. зі́рочка - das Sternchen
13. інформа́ція - die Information, die Angabe
14. криміна́льний - kriminell, злочи́нець - der Verbrecher
15. маши́на - das Auto
16. міг - könnte
17. на́вичка / на́вички - die Fertigkeit(en)
18. націона́льність - die Nationalität
19. одру́жений - verheitatet (ein Mann); замі́жня - verheitatet (eine Frau)
20. осві́та - die Ausbildung

21. оціни́в - ausgewertet
22. патру́ль - die Patrouille, die Streife
23. підкре́слити - unterstreichen
24. по ба́тькові - der Vatersname, der zweite Name
25. повідо́млювати - berichten
26. по́вна за́йнятість - Vollzeitarbeit
27. подава́ти зая́ву - sich bewerben
28. покида́ти / йти - verlassen
29. по́ле, графа́ - das Feld
30. полі́ція - die Polizei
31. поро́жній / порожня - leer
32. працюва́в - arbeitete, gearbeitet
33. прибу́в - angekommen
34. рані́ше - vorher

35. реда́ктор - der Herausgeber, der Redakteur
36. рекомендува́в - empfiehl
37. репорте́р - der Reporter
38. само́тній - ledig
39. сімна́дцять - siebzehn
40. стан - der Stand; сіме́йний стан - der Familienstand
41. стать, рід - das Geschlecht
42. стрункі́й - schlank
43. супрово́джувати - begleiten
44. ти́ждень - die Woche
45. фіна́нси - die Finanzwissenschaft
46. фо́рма, анке́та - das Formular
47. частко́ва за́йнятість - die Teilzeitarbeit

48. чолові́чий- männlich

 В

Влаштува́ння на робо́ту в газе́ту «Одеса Сьогодні»

Пані Акура́тнова проаналізува́ла відповіді Па́ші й Ро́берта в запита́льниках. Коли вона́ довідалася про їхні особи́сті здібності, вона́ змогла́ да́ти їм кі́лька пора́д про підходя́щу профе́сію. Вона́ сказа́ла, що тре́тій вид профе́сії найбі́льш підходя́щий для них. Вони́ могли́ б працюва́ти лікаря́ми, вчителя́ми або журналі́стами і так да́лі. Па́ні Акура́тнова пора́дила їм влаштува́тися на робо́ту в газе́ту

Bewerbung bei der „Odessa Siogodni"

Frau Akkuratnova wertete Paschas und Roberts Antworten im Fragebogen aus. Indem sie ihre persönlichen Begabungen kennenlernte, konnte sie ihnen Empfehlungen für passende Berufe geben. Sie sagte, dass die dritte Berufskategorie am besten zu ihnen passte. Sie könnten als Arzt, Lehrer oder Journalist arbeiten. Frau Akkuratnova empfahl ihnen, sich um einen Job bei der Zeitung „Odessa Siogodni" zu bewerben. Die hatte einen

«Одеса Сьогодні». Вони дають роботу із частковою зайнятістю студентам, які могли б складати поліцейські репортажі для кримінальної рубрики. Тому Роберт і Паша приїхали у відділ персоналу газети «Одеса Сьогодні» й подали заяви на цю роботу.

«Ми сьогодні були в трудовій консультації „Підходящий персонал", - сказав Паша пані Стройновій, котра була керівником відділу персоналу, - нам порадили подати заяви на роботу у вашу газету».

«Ну що ж, ви працювали репортерами раніше?» - запитала пані Стройнова.

«Ні», - відповів Паша.

«Будь ласка, заповніть ці анкети особистих даних», - сказала пані Стройнова й дала їм дві анкети. Паша й Роберт заповнили їх.

Анкета особистих даних
Ви повинні заповнити поля із зірочкою *. Ви можете залишити інші поля незаповненими.

Ім'я* - Павло
По-батькові - Вадимович
Прізвище* - Колобоков
Стать* - (підкреслити) <u>Чоловіча</u> Жіноча
Вік* - Двадцять років

Nebenjob für Studenten zu vergeben, die Polizeiberichte in der Rubrik über Verbrechen verfassen konnten. Also gingen Robert und Pascha in die Personalabteilung der Zeitung „Odessa Siogodni" und bewarben sich um den Job.

„Wir waren heute bei der Arbeitsvermittlung „Passende Mitarbeiter", sagte Pascha zu Frau Stroinova, der Leiterin der Personalabteilung. „Sie haben uns empfohlen, uns bei Ihrer Zeitung zu bewerben."

„Habt ihr schon als Reporter gearbeitet", fragte Frau Stroinova.

„Nein", antwortete Pascha.

„Füllt bitte diese Formulare mit euren persönlichen Angaben aus", sagte Frau Stroinova und gab ihnen zwei Formulare. Robert und Pascha füllten sie aus.

Persönliche Angaben
Alle mit einem Sternchen * markierten Felder müssen ausgefüllt werden. Die anderen Felder können leer gelassen werden.

Vorname* - Pawel
Zweiter Name - Wadimowitsch
Nachname* - Kolobokov
Geschlecht* - (unterstreiche) männlich weiblich
Alter* - Zwanzig

Націона́льність* - Украі́нець

Сіме́йнй стан - (підкре́слити) <u>Не одру́жений</u> Одру́жений

Адре́са* - Ву́лиця Що́рса, 11, Оде́са, Украі́на

Осві́та - Я вивча́ю журналі́стику на тре́тьому ку́рсі університе́ту

Де Ви працюва́ли ранíше? - Я працюва́в два мíсяці робітнико́м на фе́рмі

Яки́й до́свід і на́вички у Вас є?* - Я вмíю води́ти легкови́й і вантá́жний автомобíль і мо́жу працюва́ти на комп'ю́тері.

Мо́ви* (0 - ні, 10 - вíльно) - украі́нська - 10, англíйська - 8

Водíйські права́* - (підкре́слити) Ні <u>Так</u>

Тип: ВС, я мо́жу води́ти вантажíвки

Вам потрíбна робо́та* - (підкре́слити) По́вна за́йнятість Часткóва за́йнятість: 15 годи́н на ти́ждень

Ви хóчете заробля́ти - 80 гри́вень за годи́ну

Анке́та особи́стих да́них

Ви пови́нні запо́внити поля́ із зíрочкою *. Ви мо́жете зали́шити íнші поля́ незапо́вненими.

Ім'я* - Рóберт

По-бáтькові -

Прíзвище* - Ге́ншер

Стать* - (підкре́слити) <u>Чоловíча</u> Жінóча

Вік* - Два́дцять оди́н рік

Націона́льність* - Німець

Сíмейний стан - (підкре́слити) Не

Nationalität* - Ukrainer

Familienstand - (unterstreiche) ledig verheiratet

Adresse* - ul. Schiorsa 11, Odessa, Ukraine

Ausbildung - Ich studiere Journalismus im dritten Jahr an der Universität

Wo haben Sie zuvor gearbeitet? - Ich habe zwei Monate auf einem Bauernhof gearbeitet

Welche Erfahrung und Fähigkeiten haben Sie?* - Ich kann Auto und Lastwagen fahren und mit dem Computer arbeiten.

Sprachen* (0 - nein, 10 - fließend) - Ukrainisch - 10, Englisch - 8

Führerschein* - (unterstreiche) Nein Já

Typ: BC Kann Lastwagen fahren.

Sie brauchen einen Job* - (unterstreiche) Vollzeit Teilzeít: 15 Stunden die Woche

Sie wollen verdienen - 80 Hrywnja die Stunde

Persönliche Angaben

Alle mit einem Sternchen * markierten Felder müssen ausgefüllt werden. Die anderen Felder können leer gelassen werden.

Vorname* - Robert

Zweiter Name -

Nachname* - Genscher

Geschlecht* - (unterstreiche) männlich weiblich

Alter* - einundzwanzig

Nationalität* - Deutscher

Familienstand - (unterstreiche) ledig

<u>одру́жений</u> Одру́жений

Адре́са* - Кімна́та 218, студе́нтський гурто́житок, ву́лиця Університе́тська, 5, Оде́са, Украї́на

Осві́та - Я вивча́ю комп'ю́терний дизайн на дру́гому ку́рсі університе́ту

Де Ви працюва́ли рані́ше? - Я працюва́в два мі́сяці робітнико́м на фе́рмі

Яки́й до́свід і на́вички у Вас є?* - Я мо́жу працюва́ти на комп'ю́тері

Мо́ви* (0 - ні, 10 - ві́льно) - Німе́цька - 10, Украї́нська - 8

Водій́ські права́* - (підкре́слити) <u>Ні</u> Так Тип:

Вам потрі́бна робо́та* - (підкре́слити) По́вна за́йнятість Частко́ва за́йнятість: 15 годи́н на ти́ждень

Ви хо́чете заробля́ти - 80 гри́вень за годи́ну

Па́ні Стро́йнова віднесла́ їхні анке́ти особи́стих да́них до реда́ктора «Оде́са Сього́дні».

«Реда́ктор зго́ден, - сказа́ла па́ні Стро́йнова, коли́ поверну́лася наза́д. - Ви бу́дете супрово́джувати полице́йський патру́ль, а по́тім склада́ти репорта́жі в криміна́льну ру́брику. Полице́йська маши́на прии́де за́втра о сімна́дцятій годи́ні, щоб узя́ти вас. Бу́дьте тут у цей час, гара́зд?»

«Авже́ж», - відпові́в Ро́берт.

«Так, ми бу́демо, - сказа́в Па́ша. - До

---

verheiratet

Adresse* - Zimmer 218, Studentenwohnheim, ul. Universitetskaya 5, Odessa, Ukraine

Ausbildung - Ich studiere Computerdesign im zweiten Jahr an der Universität

Wo haben Sie zuvor gearbeitet? - Ich habe zwei Monate auf einem Bauernhof gearbeitet

Welche Erfahrung und Fähigkeiten haben Sie?* - Ich kann mit dem Computer umgehen

Sprachen* (0 - nein, 10 - fließend) - Deutsch - 10, Ukrainisch - 8

Führerschein* - (unterstreiche) Nein Ja Typ:

Sie brauchen einen Job* - (unterstreiche) Vollzeit Teilzeit: 15 Stunden die Woche

Sie wollen verdienen - 80 Hrywnja die Stunde

Frau Stroinova brachte die Formulare mit ihren persönlichen Angaben zum Herausgeber der „Odessa Siogodni".

„Der Herausgeber ist einverstanden", sagte Frau Stroinova, als sie zurückkam. „Ihr begleitet eine Polizeistreife und schreibt dann Berichte für die Kriminalrubrik. Morgen um 17 Uhr werdet ihr von einem Polizeiauto abgeholt. Seid pünktlich da, ok?"

„Klar", antwortete Robert.

„Ja, wir werden pünktlich sein", sagte

побáчення».

«До побáчення», - відповілá пáні Стрóйнова.

Pascha. „Auf Wiedersehen".

„Auf Wiedersehen", antwortete Frau Stroinova.

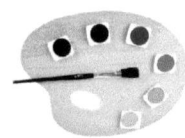

27

Die Audiodatei

Поліце́йський патру́ль (части́на 1)
Die Polizeistreife (Teil 1)

A

Слова́

1. висо́кий, ви́соко - hoch
2. вів, їхав- fuhr
3. відкри́в - öffnete
4. вітри́на - das Schaufenster
5. всі, ко́жен - alle
6. грабі́жник - der Räber;
   пограбува́ння- der Diebstahl
7. дві ти́сячі сто два́дцять -
   zweitausendeinhundertzwanzig
8. дві́сті - zweihundert
9. (за)га́вкав - bellte
10. завива́ючи - heulend
11. завів - machte an (den Motor);
    пої́хав - fuhr los

12. закри́в - schloss; закри́тий - geschlossen
13. захова́вся - versteckte
14. збро́я - die Waffe
15. злóдій - der Dieb, злóдії - die Diebe
16. зрозумíв - verstanden, verstand
17. зустрíв - getroffen, traf, kennengelernt
18. квита́нція - die Quittung
19. ключ - der Schlüssel
20. кри́кнув - gerufen, rief
21. мікрофóн - das Mikrofon
22. навкóло - umher
23. намага́вся - versuchte
24. нару́чники - die Handschellen
25. нати́снув ногóю - trat
26. обмéження, лімíт - die Begrenzung
27. офіцéр - der Polizist
28. переля́каний - ängstlich
29. підніма́тися- aufstehen
30. погóня - die Verfolgung
31. показа́в - zeigte
32. поліцéйський - der Polizist
33. полíція - die Polizei
34. пристіба́ти - anschnallen
35. (про)нíсся - raste
36. прокля́ття - verdammt
37. рéмені безпéки - der Sicherheitsgurt
38. роби́в - machte
39. сержáнт - der Polizeihauptmeister
40. сирéна - die Sirene
41. сто - hundert
42. стрóгий - strenge
43. супровóджував - begleitet, begleitete
44. суши́ти - trocknen; сухи́й - trocken
45. тривóга - der Alarm
46. ціна́ - der Preis
47. чека́в - wartete
48. шви́дкість - die Geschwindigkeit; порýшник - der Raser

 В

Поліцéйський патру́ль (части́на 1)

Рóберт і Пáша приї́хали до будíвлі газéти «Одеса Сьогодні» насту́пного дня о сімна́дцятій годи́ні. Поліцéйська маши́на вже чека́ла їх. Поліцéйський ви́йшов з маши́ни.

Die Polizeistreife (Teil 1)

Am nächsten Tagen kamen Robert und Pascha um siebzehn Uhr zum Gebäude der Zeitung „Odessa Siogodni". Das Polizeiauto wartete schon auf sie. Ein Polizist stieg aus dem Auto aus.

«Здрáстуйте. Я сержáнт Ігор Стрóгов», - сказáв він, коли Пáша й Рóберт підійшли́ до маши́ни.

«Здрáстуйте. Рáдий познайóмитися. Менé звуть Рóберт. Ми пови́нні супровóджувати Вас», - відповíв Рóберт.

«Здрáстуйте. Я Пáша. Ви давнó нас чекáєте?» - запитáв Пáша.

«Ні. Я щóйно сюди́ прибýв. Давáйте сядемо в маши́ну. Тепéр ми починáємо міськé патрулювáння», - сказáв поліцéйський. Воні́ всі сíли в поліцéйську маши́ну.

«Ви пéрший раз супровóджуєте поліцéйський патрýль?» - запитáв сержáнт Стрóгов, завóдячи двигýн.

«Ми нікóли раніше не супровóджували поліцéйський патрýль», - відповíв Пáша.

У цей момéнт поліцéйське рáдіо почалó говори́ти: «Увáга П11 і П07! Си́ній автомобíль їде на висóкій шви́дкості по вýлиці Університéтська».

«П07 прийня́в», - сказáв сержáнт Стрóгов у мікрофóн. Пóтім він сказáв хлóпцям: «Нóмер нáшого автомобíля П07». Вели́кий си́ній автомобíль проíхав ми́мо на висóкій шви́дкості. Ігор Стрóгов знóву взяв мікрофóн і сказáв: «Говóрить П07. Бáчу порýшуючий си́ній

„Hallo. Ich bin Polizeihauptmeister Igor Strogov", sagte er, als Pascha und Robert zum Auto kamen.

„Hallo, schön, Sie kennenzulernen. Ich heiße Robert. Wir sollen Sie heute begleiten", antwortete Robert.

„Hallo, ich bin Pascha. Haben Sie schon lange auf uns gewartet?", fragte Pascha.

„Nein, ich bin gerade erst gekommen. Lasst uns einsteigen. Wir fangen jetzt mit der Streife in der Stadt an", sagte der Polizist. Sie stiegen alles ins Polizeiauto.

„Begleitet ihr zum ersten Mal eine Polizeistreife", fragte Polizeihauptmeister Strogov und machte den Motor an.

„Wir haben noch nie eine Polizeistreife begleitet", antwortete Pascha.

In diesem Moment meldete sich der Polizeifunk: „Achtung P11 und P07! Ein blaues Auto fährt zu schnell auf der Universitätsstraße."

„P07 ist dran", sagte Polizeihauptmeister Strogov ins Mikrofon. Dann sagte er zu den Jungs: „Die Nummer unseres Autos ist P07." Ein großes blaues Auto raste mit hoher Geschwindigkeit an ihnen vorbei. Igor Strogov nahm das Mikrofon und sagte: „Hier spricht P07. Ich sehe das rasende

автомобіль. Починаю погоню». Потім він сказав хлопцям: «Пристебніть свої ремені безпеки». Поліцейська машина швидко стартувала. Сержант натиснув газ до кінця й увімкнув сирену. Вони поїхали на високій швидкості з виючою сиреною повз будинки, машини, автобуси. Ігор Строгов змусив сйню машину зупинитися. Сержант вийшов з машини й пішов до порушника. Паша й Роберт пішли за ним.

«Службовець міліції Ігор Строгов. Покажіть Ваші водійські права, будь ласка», - сказав поліцейський порушникові.

«Ось мої водійські права, - водій показав свої водійські права. - А в чому справа?» - сказав він сердито.

«Ви їхали по місту на швидкості сто двадцять кілометрів на годину. Обмеження швидкості - шістдесят», - сказав сержант.

«А, це. Бачите, я щойно помив свою машину. Тому я їхав трохи швидше, щоб просушити її», - сказав чоловік з хитрою посмішкою.

«Скільки коштує помити машину?» - запитав поліцейський.

«Не багато. Це коштує п'ятдесят гривень», - сказав порушник.

Auto. Nehme die Verfolgung auf". Dann sagte er zu den Jungs: „Bitte anschnallen!" Das Polizeiauto fuhr schnell los. Der Polizeihauptmeister trat das Gaspedal voll durch und machte die Sirene an. Mit heulender Sirene rasten sie an Gebäuden, Autos und Bussen vorbei. Igor Strogov brachte das blaue Auto zum Anhalten. Der Polizeihauptmeister stieg aus dem Auto aus und ging zu dem Raser. Pascha und Robert gingen ihm nach.

„Ich bin Polizeibeamter Igor Strogov. Zeigen Sie mir bitte Ihren Führerschein", sagte der Polizist zu dem Raser.

„Hier ist mein Führerschein", der Fahrer zeigte seinen Führerschein. „Was ist los?", fragte er wütend.

„Sie sind mit hundertzwanzig km/h durch die Stadt gefahren. Die Geschwindigkeitsbegrenzung ist fünfzig", sagte der Polizeihauptmeister.

„Ach so, das. Wissen Sie, ich habe gerade mein Auto gewaschen. Ich bin ein bisschen schneller gefahren, damit es trocknet", sagte der Mann mit einem schlauen Grinsen.

„Ist es teuer, Ihr Auto zu waschen?", fragte der Polizist.

„Nein. Es kostet 50 Hrywnja", sagte der Raser.

«Ви не зна́єте цін, - сказа́в сержа́нт Стро́гов. - Це в ді́йсності ко́штує дві́сті п'ятдеся́т гри́вень. Тому́ Ви запла́тите дві́сті п'ятдеся́т гри́вень за суші́ння маши́ни. Ось квита́нція. Приє́много дня», - сказа́в поліце́йський. Він відда́в штрафну́ квита́нцію на дві́сті п'ятдеся́т гри́вень і водій́ські права́ пору́шникові й піш́ов наза́д до поліце́йської маши́ни.

«Іго́ре, я вважа́ю, у Вас вели́кий до́свід з пору́шниками, чи не так?» - запита́в Па́ша поліце́йського.

«Я бага́то їх зустріча́ю, - сказа́в Іго́р, заво́дячи двигу́н. - Споча́тку вони́ ма́ють ви́гляд, як серди́ті ти́гри або́ хи́трі ли́си. Але́ після то́го, як я поговорю́ з ни́ми, вони́ ма́ють ви́гляд, як переля́кані кошеня́та або дурні́ ма́впи. Як той в си́ній маши́ні».

Тим ча́сом по ву́лиці неподалі́к від місько́го па́рку пові́льно ї́хав мале́нький бі́лий легкови́й автомобі́ль. Автомобі́ль зупини́вся навпро́ти крамни́ці. Чолові́к і жі́нка ви́йшли з маши́ни й підійшли́ до крамни́ці. Вона́ була́ зачи́нена. Чолові́к подиви́вся навко́ло. По́тім він шви́дко діста́в кі́лька ключі́в і спро́бував відкри́ти замо́к. Наре́шті він відкри́в його́ й вони́ увійшли́ всере́дину.

«Диви́ся! Тут так бага́то су́конь!» - сказа́ла жі́нка. Вона́ діста́ла вели́ку

„Sie kennen die Preise nicht", sagte Polizeihauptmeister Strogov. „In Wirklichkeit kostet es Sie 250 Hrywnja, denn Sie werden 250 Hrywnja fürs Trocknen zahlen. Hier ist der Strafzettel. Einen schönen Tag noch", sagte der Polizist. Er gab dem Raser einen Strafzettel für Geschwindigkeitsüberschreitung über 250 Hrywnja und seinen Führerschein und ging zurück zum Polizeiauto.

„Igor, du hast viel Erfahrung mit Rasern, nicht wahr?", fragte Pascha den Polizisten.

„Ich habe schon viele kennengelernt", sagte Igor und machte den Motor an. „Zu erst sehen sie wie wütende Tiger oder schlaue Füchse aus. Aber nachdem ich mit ihnen gesprochen habe, sehen sie wie ängstliche Kätzchen oder dumme Affen aus. Wie der im blauen Auto."

In der Zwischenzeit fuhr ein kleines, weißes Auto nicht weit vom Stadtpark langsam die Straße entlang. Das Auto hielt in der Nähe eines Ladens. Ein Mann und eine Frau stiegen aus und gingen zu dem Laden. Er war geschlossen. Der Mann sah sich um. Dann holte er schnell einige Schlüssel hervor und versuchte, die Tür zu öffnen. Schließlich öffnete er sie und sie gingen hinein.

„Schau, so viele Kleider", sagte die Frau. Sie holte eine große Tasche hervor und begann, alles hineinzupacken. Als die

сýмку й почалá все туди́ клáсти. Коли́ сýмка стáла повна, вона́ віднеслá її до автомобíля й прийшлá назáд.

«Бери́ все швидко! О-о! Яки́й чудóвий капелюх!» - сказáв чоловíк. Він узя́в з вітри́ни крамни́ці вели́кого чóрного капелюха й надягну́в його.

«Подиви́ся на цю червóну сýкню! Вона́ менí так подóбається!» - сказáла жíнка й швидко надяглá червóну сýкню. У неї бíльше не булó сýмок. Томý вона́ взялá бíльше речéй у рýки, ви́бігла назóвні й ки́нула їх на автомобíль. Пóтім вона́ побíгла всередину, щоб принести́ ще речéй.

Поліцéйський автомобíль П07 повíльно íхав уздóвж міського пáрку, коли́ рáдіо заговори́ло: «Увáга всім патрýльним маши́нам. Ми отри́мали сигнáл про пограбувáння з крамни́ці бíля міського пáрку. Адрéса крамни́ці: вýлиця Пáркова, 72».

«П07 прийня́в, - сказáв Íгор в мікрофóн. - Я знахóджуся дýже бли́зько до цьóго мíсця. Прямýю туди́». Вони́ знайшли́ крамни́цю дýже швидко й під'íхали до бíлого автомобíля. Пóтім вони́ ви́йшли з маши́ни й сховáлися за нéю. Жíнка в новíй червóній сýкні ви́бігла з крамни́ці. Вона́ ки́нула кíлька сýконь на поліцéйську маши́ну й побíгла

Tasche voll war, brachte sie sie zum Auto und kam zurück.

„Nimm schnell alles! Oh! Was für ein schöner Hut!", sagte der Mann. Er nahm einen großen schwarzen Hut aus dem Schaufenster und zog ihn auf.

„Schau dir dieses rote Kleid an! Das finde ich toll!", sagte die Frau und zog schnell das rote Kleid an. Sie hatte keine Taschen mehr. Deswegen nahm sie mehr Sachen in die Hände, rannte nach draußen und packte sie ins Auto. Dann rannte sie nach drinnen, um noch mehr Dinge zu holen.

Das Polizeiauto P07 fuhr gerade langsam den Stadtpark entlang, als sich der Funk meldete: „Achtung, alle Einheiten. Wir haben einen Einbruchsalarm aus einem Laden in der Nähe des Stadtparks. Die Adresse des Ladens ist Parkstraße 72."

„P07 ist dran", sagte Igor ins Mikro. „Ich bin ganz in der Nähe. Fahre dorthin." Sie hatten den Laden schnell gefunden und fuhren zu dem weißen Auto. Dann stiegen sie aus dem Auto aus und versteckten sich dahinter. Die Frau im roten Kleid kam aus dem Laden gerannt. Sie legte einige Kleider auf das Polizeiauto und rannte zurück in den Laden. Die Frau tat das sehr schnell. Sie

назáд у крамни́цю. Жі́нка зроби́ла це ду́же шви́дко. Воня́ на́віть не помі́тила, що це була́ поліце́йська маши́на!

«Прокля́ття! Я забу́в свій пістоле́т у поліце́йському відді́лку!» - сказа́в Íгор. Ро́берт і Пáша подиви́лися на сержа́нта Стро́гова, а по́тім здиво́вано оди́н на о́дного. Поліце́йський був таки́й зніякові́лий, що Ро́берт і Пáша зрозумі́ли - вони́ пови́нні допомогти́ йому́. Жі́нка зно́ву ви́бігла з крамни́ці, ки́нула кі́лька су́конь на поліце́йську маши́ну й побі́гла назáд. Тоді́ Пáша сказа́в Íгорю: «Ми мо́жемо прики́нутися, що у нас є збро́я».

«Дава́йте так і зро́бимо, - відпові́в Íгор, - Алé ви не підніма́йтеся. У злоді́їв мо́же бу́ти збро́я, - сказа́в він і по́тім кри́кнув: - Гово́рить полі́ція! Усí, хто знахо́диться всере́дині крамни́ці! Підніми́ть ру́ки й пові́льно вихо́дьте з крамни́ці по одно́му!» Вони́ почека́ли хвили́ну. Ніхто́ не ви́йшов. По́тім у Ро́берта з'яви́лася іде́я.

«Якщо́ ви зáраз не ви́йдете, то ми спу́стимо на вас поліце́йського соба́ку!» - кри́кнув він і по́тім зага́вкав, як вели́кий серди́тий соба́ка. Злоді́ї відрáзу ви́бігли з пі́днятими рука́ми. Íгор шви́дко надягну́в на них нару́чники й відві́в до поліце́йської маши́ни. По́тім він сказа́в Ро́берту: «Це була́ чудо́ва іде́я, прики́нутися, що у нас є соба́ка! Чи

sah nicht, dass es ein Polizeiauto war.

„Verdammt! Ich habe meine Waffe auf der Polizeiwache vergessen!", sagte Igor. Robert und Pascha sahen Polizeihauptmeister Strogov und dann einander überrascht an. Der Polizist war so verwirrt, dass Pascha und Robert verstanden, dass er Hilfe brauchte. Die Frau rannte wieder aus dem Laden, legte Kleider auf das Polizeiauto und rannte zurück. Dann sagte Pascha zu Igor: „Wir können so tun, als ob wir Waffen haben."

„Lasst uns das machen", antwortete Igor. „Aber ihr steht nicht auf. Die Diebe haben vielleicht Waffen", sagte er und rief dann: „Hier spricht die Polizei! Alle, die im Laden sind, heben ihre Hände und kommen langsam einer nach dem anderen aus dem Laden!" Sie warteten eine Minute. Niemand kam. Dann hatte Robert eine Idee.

„Wenn ihr nicht rauskommt, hetzen wir den Polizeihund auf euch!", rief er und bellte wie ein großer, wütender Hund. Die Diebe kamen sofort mit erhobenen Händen herausgerannt. Igor legte ihnen schnell Handschellen an und brachte sie ins Polizeiauto. Dann sagte er zu Robert: „Das war eine gute Idee, so zu tun, als ob wir einen Hund hätten. Weißt du, ich habe meine Waffe schon zweimal vergessen. Wenn sie herausfinden, dass

бáчиш, я вже забувáв свій пістолéт два рáзи. Якщó довíдаються, що я забýв його втрéтє , менé мóжуть звільнити абó змýсити викóнувати óфісну робóту. Ви не скáжете про це, дóбре?»

«Авжéж ні!» - сказáв Рóберт.

«Нікóли», - сказáв Пáша.

«Дýже дя́кую за допомóгу, хлóпці!» - Ігор мíцно потúс їм рýки.

ich sie zum dritten Mal vergessen habe, feuern sie mich vielleicht oder lassen mich Büroarbeit machen. Ihr erzählt es doch niemandem, oder?"

„Natürlich nicht!", sagte Robert.

„Nie", sagte Pascha.

„Vielen dank für eure Hilfe, Jungs!", Igor schüttelte ihnen heftig die Hand.

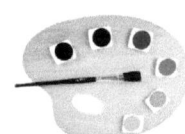

139

28

Die Audiodatei

Поліце́йський патру́ль (части́на 2)
Die Polizeistreife (Teil 2)

 A

Слова́

1. ба́чив - sah
2. без свідо́мості - bewusstlos
3. вибача́ти - sich entschuldigen; Ви́бачте (мене́). - Entschuldigen Sie (mich).
4. ви́стрелив, підстре́лив - schoss; angeschossen
5. відверну́тися - sich abwenden
6. відкри́в - geöffnet, öffnete

7. відпові́в - geantwortet, antwortete
8. вчо́ра/учо́ра - gestern
9. готівка - das Bargeld
10. громадяни́н - der Herr
11. дзвони́в - klingelte
12. дзвони́ти - anrufen
13. Експре́с Банк - Express Bank
14. засу́нути / засо́вувати - einstecken

15. захищáти - beschützen
16. звичáйний - gewöhnlich
17. Івáн - Ivan (Name)
18. кáса - die Kasse; касúр - der Kassierer
19. кишéня - die Tasche
20. кнóпка - der Knopf
21. Кузьмá - Kuzma (Name)
22. мадáм - die Madame
23. мій - mein
24. мобíльний - das Handy
25. набрáти / набирáти - wählen (am Telefon)
26. натúснути / натискáти - drücken
27. повернýв(-ся) - drehte (sich)
28. пóтайки - heimlich
29. принéсення - gebracht
30. пропáв - weg sein
31. рикошéтом - abprallen
32. рíдко - selten
33. розбúти - zerbrechen
34. розýмний - schlau, klug
35. сéйф - der Tresor
36. склó - das Glas
37. твій / Ваш - dein / Ihr
38. теж - auch
39. телефóн - das Telefon
40. товáриш - comrade
41. торгóвий центр - das Einkaufszentrum
42. укрáдений - gestohlen
43. хто-нéбудь (когó-нéбудь), хтось - jemand (jemanden)
44. чий - wessen
45. чоловікú - die Männer
46. ще - noch
47. щúро - offenherzig

B

Поліцéйський патрýль (частина 2)

Настýпного дня Рóберт і Пáша знóву супровóджували Íгоря. Вонú стоя́ли бíля велúкого торгóвого цéнтру, колú до них підійшлá жíнка.

«Будь лáска, не моглú б ви менí допомогтú?» - запитáла вонá.

«Звичáйно, мадáм. Що трáпилося?» -

Die Polizeistreife (Teil 2)

Am nächsten Tag begleiteten Robert und Pascha Igor wieder. Sie standen neben einem großen Einkaufszentrum, als eine Frau zu ihnen kam.

„Können Sie mir bitte helfen?", fragte sie.

„Natürlich. Was ist passiert?", fragte

запита́в Ігор.

«Мій мобі́льний телефо́н зник. Я ду́маю, що його́ вкра́ли».

«Його́ використо́вували сього́дні?» - запита́в поліце́йський.

«Я використо́вувала його́ пе́ред тим, як ви́йшла з торго́вого це́нтру», - відповіла́ вона́.

«Зайді́мо всере́дину», - сказа́в Ігор. Вони́ зайшли́ в торго́вий центр і огляді́лися. Там було́ ду́же бага́то люде́й.

«Спро́буймо стари́й трюк, - сказа́в Ігор і взяв свій вла́сний телефо́н, - Яки́й но́мер Ва́шого телефо́ну?» - запита́в він жі́нку. Вона́ сказа́ла й він набра́в но́мер її телефо́ну. Неподалі́к від них задзвони́в мобі́льний телефо́н. Вони́ пішли́ до то́го мі́сця, де він дзвони́в. Там була́ че́рга. Яки́йсь чолові́к у че́рзі подиви́вся на поліце́йського, і по́тім шви́дко відверну́вся. Поліце́йський підійшо́в бли́жче, ува́жно слу́хаючи. Телефо́н дзвони́в у кише́ні цього́ чолові́ка.

«Ви́бачте», - сказа́в Ігор. Чолові́к подиви́вся на ньо́го.

«Ви́бачте, Ваш телефо́н дзво́нить», - сказа́в Ігор.

«Де?» - сказа́в чолові́к.

Igor.

„Mein Handy ist weg. Ich glaube, es wurde gestohlen."

„Haben Sie es heute schon benutzt?", fragte der Polizist.

„Ich habe es benutzt, bevor ich das Einkaufszentrum verlassen habe", antwortete die Frau.

„Lasst uns reingehen", sagte Igor. Sie gingen ins Einkaufszentrum und sahen sich um. Viele Leute waren da.

„Lasst uns einen alten Trick versuchen", sagte Igor und holte sein eigenes Handy hervor. „Wie ist Ihre Nummer?", fragte er die Frau. Sie sagte sie ihm und er wählte sie. Nicht weit von ihnen klingelte ein Handy. Sie gingen zu der Stelle, an der es klingelte. Dort war eine Schlange. Ein Mann in der Schlange sah den Polizisten an und schaute dann schnell weg. Der Polizist ging näher hin und horchte aufmerksam. Das Handy klingelte in der Tasche des Mannes.

„Entschuldigen Sie", sagte Igor. Der Mann sah ihn an.

„Entschuldigen Sie, Ihr Handy klingelt", sagte Igor.

„Wo?", sagte der Mann.

„Hier, in ihrer Tasche", sagte Igor.

„Nein, es klingelt nicht", sagte der Mann.

«Тут, у Ва́шій кише́ні», - сказа́в Ігор.

«Ні», - сказа́в чоловік.

«Так», - сказа́в Ігор.

«Це не мій», - сказа́в чоловік.

«Тоді́ чий телефо́н дзво́нить у Ва́шій кише́ні?» - запита́в Ігор.

«Я не зна́ю», - відповів чоловік.

«Дозво́льте подиви́тися», - сказа́в Ігор і діста́в телефо́н з кише́ні чоловіка.

«О-о, це мій!» - ви́гукнула жінка.

«Візьми́ть свій телефо́н, мада́м», - сказа́в Ігор, віддаючи́ його́ їй.

«Дозво́льте, громадяни́не?» - запита́в Ігор і зно́ву засу́нув ру́ку в кише́ню чоловіка. Він діста́в і́нший телефо́н, по́тім ще оди́н.

«Вони́ теж не Ва́ші?» - запита́в Ігор чоловіка.

Чоловік покрути́в голово́ю, ди́влячись убік.

«Які́ ди́вні телефо́ни!» - ви́гукнув Ігор, «Вони́ тіка́ють від свої́х хазя́їв і стриба́ють у кише́ні ціє́ї люди́ни! А тепе́р вони́ дзво́нять у його́ кише́нях, так?»

«Так», - сказа́в чоловік.

«Зна́єте, моя́ робо́та - захища́ти

„Doch, es klingelt", sagte Igor.

„Das ist nicht meins", sagte der Mann.

„Wessen Telefon klingelt dann in Ihrer Tasche?", fragte Igor.

„Ich weiß es nicht", antwortete der Mann.

„Zeigen Sie es mir bitte", sagte Igor und holte das Handy aus der Tasche des Mannes.

„Oh, das ist meins!", rief die Frau.

„Hier, nehmen Sie Ihr Telefon", sagte Igor und gab es ihr.

„Darf ich?", fragte Igor und steckte seine Hand wieder in die Tasche des Mannes. Er holte ein anderes Handy hervor und dann noch eins.

„Gehören die auch nicht Ihnen?", fragte Igor den Mann.

Der Mann schüttelte den Kopf und schaute weg.

„Was für seltsame Handys!", rief Igor. „Sie sind ihren Besitzern davongelaufen und in die Tasche dieses Mannes gesprungen! Und jetzt klingeln sie in seiner Tasche, oder nicht?"

„Ja, das tun sie", sagte der Mann.

„Wie Sie wissen, ist es mein Job, Menschen zu beschützen. Und ich werde Sie vor ihnen beschützen. Steigen Sie in

людей. I я бу́ду захища́ти Вас від них. Сіда́йте в мою́ маши́ну і я відвезу́ Вас у таке́ місце, де жо́ден телефо́н не змо́же стрибну́ти у Ва́шу кише́ню. Ми і́демо в поліце́йський відді́лок», - сказа́в поліце́йський. По́тім він узя́в чолові́ка під ру́ку й відві́в його́ до поліце́йської маши́ни.

«Люблю́ дурни́х злочи́нців», - посміхну́вся І́гор після то́го, як вони́ допра́вили злоді́я в поліце́йський відді́лок.

«А розу́мних Ви зустріча́ли?» - запита́в Па́ша.

«Так. Але ду́же рі́дко, - відповів поліце́йський, - тому́ що розу́много злочи́нця ду́же ва́жко пійма́ти».

Тим ча́сом дво́є чоловіків зайшли́ в Експре́с Банк. Оди́н із них став у че́ргу. І́нший підійшо́в до ка́си й переда́в якийсь папіре́ць каси́рові. Каси́р узя́в папіре́ць і прочита́в:

«Дороги́й това́ришу,

це пограбува́ння Експре́с Ба́нку. Відда́йте мені́ всю готі́вку. Якщо́ ви цього́ не зро́бите, то я скориста́юся свої́м пістоле́том. Дя́кую.

Щи́ро ваш,

Кузьма́»

«Я ду́маю , що змо́жу допомогти́

mein Auto und ich bringe Sie an einen Ort, wo kein Telefon in Ihre Tasche springen kann. Wir fahren aufs Revier", sagte der Polizist. Dann nahm er den Mann am Arm und brachte ihn zum Auto.

„Ich mag dumme Verbrecher", sagte Igor Strogov grinsend, nachdem sie den Dieb aufs Revier gebracht hatten.

„Hast du schon schlaue getroffen?", fragte Pascha.

„Ja, das habe ich. Aber es passiert selten"; antwortete der Polizist. „Denn es ist sehr schwer, einen schlauen Verbrecher zu fangen."

In der Zwischenzeit betraten zwei Männer die Express Bank. Einer von ihnen stellte sich in der Schlange an. Ein anderer ging zur Kasse und gab dem Kassierer einen Zettel. Der Kassierer nahm den Zettel und las.

„Sehr geehrter Kamerad,

das ist ein Überfall auf die Express Bank. Geben Sie mir alles Geld. Wenn Sie es nicht tun, werde ich meine Waffe benutzen. Danke.

Hochachtungsvoll,

Kusima"

„Ich denke, ich kann Ihnen helfen", sagte der Kassierer, während er heimlich den Alarmknopf drückte. „Aber das Geld wurde

Вам, - сказáв касúр, пóтайки натискáючи кнóпку тривóги, - алé я замкнýв грóши вчóра в сéйфі. Сейф ще не відчúнений. Я попрошý когó-нéбудь відчинúти сейф і принестú грóші. Дóбре?»

«Гарáзд. Але зробíть це швúдко!» - відповíв грабíжник.

«Зробúти Вам чáшку кáви, поки грóші кладýть у сýмки?»

«Ні, дáкую Вам. Тíльки грóші», - відповíв грабíжник.

Рáдіо поліцéйської машúни П07 заговорúло: «Увáга всім патрулáм. Ми отрúмали тривóгу з Експрéс Бáнку».

«П07 прийнáв», - відповíв сержáнт Стрóгов. Він натúснув газ до упóру й машúна швúдко стартувáла. Колú вонú під'їхали до бáнку, там ще не булó інших поліцéйських машúн.

«Ми зрóбимо цікáвий репортáж, якщó зáйдемо всерéдину», - сказáв Пáша.

«Ви, хлóпці робíть те, що вам трéба. А я зайдý всерéдину чéрез зáдні двéрі», - сказáв сержáнт Стрóгов. Він узáв свій пістолéт і швúдко пішóв до зáдніх двéрей бáнку. Пáша й Рóберт увійшлú в банк чéрез центрáльні двéрі. Вонú побáчили чоловíка, що

gestern von mir im Tresor eingeschlossen. Der Tresor wurde noch nicht geöffnet. Ich werde jemanden bitten, den Tresor zu öffnen und das Geld zu bringen. Okay?"

„Okay. Aber schnell!", antwortete der Dieb.

„Hätten Sie gerne eine Tasse Kaffee, während das Geld in Taschen gepackt wird?", fragte der Kassierer.

„Nein, danke. Nur Geld", antwortete der Dieb.

Der Funk im Polizeiauto P07 meldete sich: „Achtung, alle Einheiten. Überfallalarm in der Express Bank."

„P07 ist dran", antwortete Polizeihauptmeister Strogov. Er trat aufs Gas und das Auto fuhr schnell los. Als sie an der Bank ankamen, war noch kein anderes Polizeiauto da.

„Das wird ein interessanter Bericht, wenn wir reingehen", sagte Pascha.

„Ihr Jungs macht, was ihr braucht. Ich gehe durch die Hintertür rein", sagte Polizeihauptmeister Strogov. Er holte seine Waffe raus und ging schnell zur Hintertür der Bank. Pascha und Robert betraten die Bank durch die Eingangstür. Sie sahen einen Mann in der Nähe der Kasse stehen. Er hatte eine Hand in seiner Tasche und sah sich um. Der Mann, der mit ihm

стоїть біля каси. Він засунув руку в кишеню й подивився навколо. Чоловік, який прийшов з ним, відійшов від черги й підійшов до нього.

«Де гроші?» - запитав він Кузьму.

«Іване, касир сказав, що їх кладуть у сумки», - відповів інший грабіжник.

«Я втомився чекати! » - сказав Іван. Він дістав пістолет і направив його на касира. « Принеси всі гроші зараз же!» - крикнув грабіжник касірові. Потім він пройшов на середину приміщення й крикнув: «Слухайте всі! Це пограбування! Нікому не рухатися!»

У цей момент хтось біля каси поворушився. Грабіжник з пістолетом, не дивлячись, вистрелив у нього. Другий грабіжник упав на підлогу й крикнув: «Іване! Ти ідіот! Прокляття! Ти підстрелив мене!»

«О-о, Кузьмо! Я не бачив, що це ти!» - сказав Іван. У цей момент касир швидко вибіг.

«Касир утік, а гроші сюди ще не принесли! - крикнув Іван Кузьмі, - поліція може скоро приїхати! Що будемо робити?»

«Візьми що-небудь важке, розбий скло й візьми гроші. Швидко!» -

gekommen war, ging aus der Schlange zu ihm.

„Wo ist das Geld?", fragte er Kusima.

„Iwan, der Kassierer hat gesagt, dass es in Taschen gepackt wird", antwortete der andere Dieb.

„Ich habe es satt, zu warten", sagte Iwan. Er holte seine Waffe hervor und richtete sie auf den Kassierer. „Bringen Sie jetzt alles Geld!", schrie er. Dann ging er in die Mitte des Raums und rief: „Alle herhören! Das ist ein Überfall! Niemand bewegt sich!"

In diesem Moment bewegte sich jemand in der Nähe der Kasse. Der Dieb mit der Waffe schoss auf ihn, ohne hinzuschauen. Der andere Dieb fiel auf den Boden und rief: „Iwan! Du Vollidiot! Verdammt! Du hast mich angeschossen!"

„Oh, Kusima! Ich habe nicht gesehen, dass du das bist!", sagte Iwan. In diesem Moment rannte der Kassierer schnell nach draußen.

„Der Kassierer ist weggerannt und das Geld ist noch nicht hierher gebracht worden!", rief Iwan Kusima zu. „Die Polizei kann jeden Moment kommen! Was sollen wir machen?"

„Nimm etwas Großes, zerschlag das Glas und nimm das Geld! Schnell!", rief Kusima. Iwan nahm einen metallenen Stuhl und

крикнув Кузьма. Іван узяв металéвий стілéць і вдáрив по склу кáси. Це булó, звісно, не звичáйне склó й вонó не розбілося. Алé стілéць повернýвся рикошéтом і вдáрив грабіжника по головí! Він без свідомóсті впав на підлóгу. У цю секýнду вбіг сержáнт Стрóгов і швідко надягнýв нарýчники на грабіжників. Він повернýвся до Пáші й Рóберта.

«Я ж говорив! Більшість злочинців прóсто дурні!» - сказáв він.

schlug auf das Glas der Kasse. Natürlich war es kein gewöhnliches Glas und zerbrach nicht. Doch der Stuhl prallte zurück und traf den Dieb am Kopf! Er fiel bewusstlos zu Boden. In diesem Moment kam Polizeihauptmeister Strogov hereingerannt und legte den Dieben schnell Handschellen an. Er drehte sich zu Pascha und Robert um.

„Hab ich es doch gesagt! Die meisten Verbrecher sind einfach nur dumm!", sagte er.

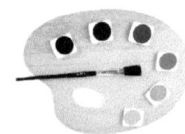

29

ФЛЕ́КС и а́пер

Schule für Austauschschüler (SAS) und Au-pair

A

Слова́

1. а́пер - au-pair
2. ви́брав - entschied sich für
3. відві́дав - besuchte
4. Ганно́вер - Hannover
5. да́та - das Datum
6. дві́чі - zweimal
7. до́нька - die Tochter
8. електро́нна по́шта - die E-Mail
9. Євра́зія - Eurasien
10. жив - lebte
11. з - seit
12. змі́на - die Änderung
13. ко́нкурс - der Wettbewerb
14. краї́на - das Land
15. курс - der Kurs
16. лист - der Brief
17. мину́в- abgelaufen
18. міня́ти - ändern
19. можли́вість - die Möglichkeit
20. навча́ння - lernen

21. надíя - die Hoffnung; надíятися / сподівáтися - hoffen
22. найблúжчий - nächste
23. несправедлúвий - ungerecht
24. одúн раз - einmal
25. оскíльки / тому́ що / - da, weil
26. осóба - die Person
27. писáв - schrieb
28. платúв - bezahlte, gezahlt
29. подзвонúв - rief an
30. послáв - schickte
31. прáво - das Recht
32. приє́днуватися - kommen in
33. проблéма - das Problem
34. Свéта - Sveta (Name)
35. селó - das Dorf
36. сíльськá мíсцéвість - das Land
37. слугá (M), служнúця (F) - der Bedienstete
38. стандáртний - der Standard, Standard-
39. стáрший - älter
40. сторíнка Інтернéту - die Website
41. тáкож, теж - auch
42. угóда, дóговір - die Vereinbarung
43. учáсник - der Teilnehmer
44. ФЛÉКС - Schule für Austauschschüler (SAS)
45. хазя́їн / господáр - der Gastgeber
46. харчувáння- das Essen

 B

ФЛÉКС и áпер

Сестрá, брат і батькú Рóберта жилú в Німéччині. Вонú жилú в Ганнóвері. Сестру́ звáли Гáбі. Їй булó двáдцять рóків. Вонá вивчáла украї́нську мóву з одинáдцяти років. Колú Гáбі булó п'ятнáдцять рóків, вонá захотíла взя́ти ýчасть у прогрáмі ФЛÉКС. Прогрáма ФЛÉКС даé можлúвість дéяким ýчням шкіл з Німéччини і Єврáзії провестú рік в Украї́ні, проживáючи в сім'í й навчáючись в украї́нській шкóлі. Прогрáма безкоштóвна. Авіаквиткú,

Schule für Austauschschüler (SAS) und Au-pair

Roberts Schwester, Bruder und Eltern lebten in Deutschland. Sie wohnten in Hannover. Seine Schwester hieß Gabi. Sie war zwanzig. Sie lernte Ukrainisch, seit sie elf war. Als Gabi fünfzehn war, wollte sie an dem Programm SAS teilnehmen. SAS gibt Highschool-Schülern aus Eurasien die Möglichkeit, ein Jahr in der Ukraine zu verbringen, in einer Gastfamilie zu leben und eine ukrainische Schule zu besuchen. Das Programm ist kostenlos. Das

прожива́ння в сім'ї, харчува́ння, навча́ння в украї́нській шко́лі опла́чуються Украї́ною. Але́ на той час, коли́ Га́бі отри́мала інформа́цію про да́ту ко́нкурсу зі сторі́нки Інтерне́т, день ко́нкурсу вже мину́в.

По́тім вона́ дові́далася про програ́му а́пер. Ця програ́ма дає́ уча́сникам можли́вість провести́ рік або́ два в і́ншій краї́ні, прожива́ючи в сім'ї, що прийма́є, догляда́ючи за ді́тьми й навча́ючись на мо́вних ку́рсах. Че́рез те, що Ро́берт навча́вся в Оде́сі, Га́бі написа́ла йому́ листа́. Вона́ попроси́ла його́ знайти́ для не́ї в Украї́ні сім'ю, що прийма́є.

Ро́берт перегля́нув кі́лька газе́т і сторі́нок з оголо́шеннями в Інтерне́ті. Він знайшо́в кі́лька прийма́ючих сіме́й з Украї́ни на http://www.aupair-world.net/.

По́тім Ро́берт відві́дав аге́нтство а́пер у Оде́сі. Його́ консультува́ла жі́нка. Її зва́ли Алі́са Квітко́ва.

«Моя́ сестра́ з Німе́ччини. Вона́ б хоті́ла бу́ти а́пер в украї́нській сім'ї. Чи мо́жете Ви допомогти́ в цьо́му?» - запита́в Ро́берт Алі́су.

«Я бу́ду ра́да допомогти́ Вам. Ми розмі́щуємо а́пер у сім'ях по всій Украї́ні. А́пер - це люди́на, котра́

Flugticket, die Unterkunft in der Familie, Essen und das Besuchen der ukrainische Schule werden von SAS gezahlt. Aber als sie sich auf der Website über die Ausschreibung informierte, war die Frist schon abgelaufen.

Dann erfuhr sie von dem Au-pair-Programm. Dieses Programm ermöglicht es den Teilnehmern, ein oder zwei Jahre in einem anderen Land zu verbringen, bei einer Gastfamilie zu leben, sich um die Kinder zu kümmern und eine Sprachschule zu besuchen. Da Robert gerade in Odessa studierte, schrieb Gabi ihm eine Email. Sie bat ihn darum, eine Gastfamilie für sie in der Ukraine zu finden. Robert sah Zeitungen und Webseiten mit Anzeigen durch. Er fand ukrainische Gastfamilien auf

http://www.aupair-world.net/. Dann ging Robert zu einer Au-pair-Vermittlung in Odessa. Er wurde von einer Frau beraten. Sie hieß Alisa Kwitkowa.

„Meine Schwester ist aus Deutschland. Sie würde gerne als Au-pair bei einer ukrainischen Familie arbeiten. Können Sie mir helfen?", fragte Robert Alisa.

„Natürlich, sehr gerne. Wir vermitteln Au-pairs an Familien in der ganzen Ukraine. Ein Au-pair kommt in eine Gastfamilie, um im Haus zu helfen und sich um die Kinder zu kümmern. Die

вливається в приймаючу сім'ю, щоб допомагати по дому й доглядати за дітьми. Сім'я, що приймає, надає апер харчування, кімнату й кишенькові гроші. Кишенькові гроші можуть бути від двох до трьох тисяч гривень. Сім'я, що приймає, повинна заплатити також за мовний курс для апер», - сказала Аліса.

«Є гарні й погані сім'ї?» - запитав Роберт.

«Є дві проблеми при виборі сім'ї. По-перше, деякі сім'ї вважають, що апер - це служниця, яка повинна робити все по дому, включаючи готування їжі для всіх членів сім'ї, прибирання, прання, роботу в саду і так далі. Але апер - це не служниця. Апер - це як старша донька або син у сім'ї, який допомагає батькам з молодшими дітьми. Щоб захистити свої права, апер повинна розробити угоду з приймаючою сім'єю. Не вірте, коли деякі агентства апер або приймаючі сім'ї кажуть, що вони використовують „стандартну" угоду. Немає стандартних угод. Апер може змінити будь-яку частину угоди, якщо вона несправедлива. Все, що апер і сім'я будуть робити, повинне бути записане в угоді.

Друга проблема така - деякі сім'ї

Gastfamilie gibt dem Au-pair Essen, ein Zimmer und Taschengeld. Das Taschengeld liegt zwischen 2000 und 3000 Hrywnja. Die Gastfamilie muss auch einen Sprachkurs für das Au-pair bezahlen", sagte Alisa.

„Gibt es gute und schlechte Familien?", fragte Robert.

„Es gibt zwei Probleme bei der Wahl einer Familie. Zum einen denken manche Familien, dass ein Au-pair ein Bediensteter sei, der alles im Haus machen muss, einschließlich für die ganze Familie kochen, putzen, waschen, Gartenarbeit usw. Aber ein Au-pair ist kein Bediensteter. Ein Au-pair ist wie eine ältere Tochter oder ein älterer Sohn der Familie, der den Eltern mit den jüngeren Kindern hilft. Um ihre Rechte zu schützen, müssen die Au-pairs eine Vereinbarung mit der Gastfamilie ausarbeiten. Glaub bloß nicht, wenn Au-pair-Vermittlungen oder Gastfamilien sagen, dass sie eine Standardvereinbarung verwenden. Es gibt keine Standardvereinbarung. Das Au-pair kann jeden Teil der Vereinbarung ändern, wenn sie ungerecht ist. Alles, was ein Au-pair und die Gastfamilie machen, muss schriftlich in der Vereinbarung festgehalten werden.

Das zweite Problem ist: Manche Familien leben in kleinen Dörfern, in denen es keine Sprachkurse und wenige Orte gibt,

живу́ть у мале́ньких се́лах, де нема́є мо́вних ку́рсів і ма́ло місць, куди́ а́пер мо́же піти́ у свій ві́льний час. У такі́й ситуа́ції необхі́дно включа́ти в уго́ду, що сім'я́, яка́ прийма́є, пови́нна опла́чувати квитки́ до найбли́жчого вели́кого мі́ста й наза́д, коли́ а́пер ї́де туди́. Це мо́же бу́ти оди́н або́ два ра́зи на ти́ждень».

«Зрозумі́ло. Моя́ сестра́ хоті́ла б сім'ю́ із Оде́си. Чи мо́жете Ви знайти́ га́рну сім'ю́ в цьо́му мі́сті?» - запита́в Ро́берт.

«Ну що ж, за́раз є прибли́зно два́дцять сіме́й із Оде́си», - відповіла́ Алі́са. Вона́ подзвони́ла де́кільком з них. Сі́м'ї, що прийма́ють, були́ ра́ді ма́ти а́пер з Німе́ччини. Бі́льшість сіме́й хоті́ли б оде́ржати від Га́бі листа́ з фотогра́фією. Де́які з них хоті́ли та́кож подзвони́ти їй, щоб переконáтися, що вона́ мо́же трóхи говори́ти украї́нською мо́вою. Тому́ Ро́берт дав їм її́ но́мер телефо́ну.

Кі́лька сіме́й, що прийма́ють, подзвони́ли Га́бі. Пóтім вона́ відпра́вила їм листа́. Вона́ ви́брала підхо́дящу сім'ю́ й за допомо́гою Алі́си розроби́ла з не́ю уго́ду. Наре́шті Га́бі, спо́внена мрій і надíй, ви́рушила в Украї́ну.

wo das Au-pair in seiner Freizeit hingehen kann. In diesem Fall muss die Vereinbarung enthalten, dass die Gastfamilie für Hin- und Rückfahrkarten in die nächste größere Stadt zahlen muss, wenn das Au-pair dorthin fährt. Das kann ein- oder zweimal die Woche sein."

„Alles klar. Meine Schwester hätte gerne eine Familie aus Odessa. Können Sie eine gute Familie in dieser Stadt finden?", fragte Robert.

„Na ja, im Moment haben wir etwa zwanzig Familien aus Odessa", antwortete Alisa. Sie rief ein paar von ihnen an. Die Gastfamilien waren froh, ein Au-pair-Mädchen aus Deutschland zu bekommen. Die meisten Familien wollten einen Brief mit einem Foto von Gabi. Manche wollten sie auch anrufen, um sicher zu gehen, dass sie ein bisschen Ukrainisch sprach. Also gab Robert ihnen ihre Telefonnummer.

Ein paar Gastfamilien riefen Gabi an. Dann schickte sie ihnen Briefe. Schließlich entschied sie sich für eine passende Familie und arbeitete mit Fraukes Hilfe eine Vereinbarung mit ihnen aus. Die Familie bezahlte das Ticket von Deutschland nach die Ukraine. Schließlich fuhr Gabi voller Hoffnungen und Träume nach die Ukraine.

Українсько-німецький словник

абó - oder
абсолю́тний / пóвний / цілкови́тий - absolut
авáрія - der Unfall
авіашóу - die Flugschau
автóбус - der Bus
автовідповідáч - der Anrufbeantworter
авторýчка - der Stift; авторýчки - die Stifte
агéнтство - die Agentur
агéнтство з працевлаштувáння - die Arbeitsvermittlung
адрéса - die Adresse
акурáтний - fleissige
алé - aber
Áнжела - Angela
анкéта - der Fragebogen
Áня - Anya (Name)
áпер - au-pair
аптéка - die Apotheke
áркуш - das Blatt
аспíрин - das Aspirin
багáто - viel, viele
банк - die Bank
бáнка - der Krug
батькú - die Eltern
бáчив - sah
бáчити - sehen
без - ohne
без свідóмості - bewusstlos
бéрег / бéрег мóря - die Küste
бúти, вдáрити / удáрити - schlagen
бíгти - rennen, joggen, laufen
бíдний - arm
бíлий - weiß
бíля - am, beim, in der Nähe
бíльш, бíльше - mehr
бíльша частúна - grösste Teil
блúжче - näher

блúзько - nahe
блідúй - blass
Борúс Провóрнов - Boris Provornov
брат - der Bruder
брáти / брать, взя́ти /взять - nehmen
груднúй - dreckig
брю́ки - die Hose
був, булá, булó - war
бувáй / до побáчення - tschüss
бýде - wird; бýдуть - werden; бýду - werde
будíвля - das Gebäude
будь лáска - bitte
бýдь-який - jeder; один з вас - einer von euch
булú - waren
в той час, як / дóки / пóки - während
в, до, на - zu; Я ідý в банк. - Ich gehe zur Bank.
важкúй - schwer
вáжливий - wichtig
вáнна кімнáта - das Bad, das Badezimmer; вáнна - die Badewanne; вáнний стóлик - der Badezimmertisch
вантáжити - beladen, вантáжник - der Verlader, вантажíвка - der Lastwagen
вбúв - tötete, getötet (part.)
вбúвця - der Mörder
вважáти - glauben
вгóлос - laut
везтú - transportieren
велúкий - groß
велосипéд - das Fahrrad
ветеринáр - der Tierarzt
вéчір - der Abend
вже, ужé - schon
вздовж - entlang
взяв / узяв - nahm

153

взя́ти уча́сть - teilnehmen
Ви - Sie
вибача́ти - sich entschuldigen;
    Ви́бачте (мене́). - Entschuldigen Sie
    (mich).
вибира́ти - wählen, aussuchen
ви́брав - entschied sich für
вигу́кувати - (aus)rufen
вид / тип - Art, Typ
видавни́цтво - der Verlag
виклада́ч - beibringen, lehren
використо́вувати - benutzen
винагоро́да - die Entlohnung
виправля́ти - korrigieren
висо́кий, ви́соко - hoch
ви́стрелив, підстре́лив - schoss;
    angeschossen
вів, їхав - fuhr
відбува́тися - passieren; відбуло́ся,
    ста́лося - passiert
відверну́тися - sich abwenden
відві́дав - besuchte
відві́дувач - der Gast, der Besucher
ві́дділ ка́дрів - die Personalabteilung
відеоди́ск - die DVD
відеокасе́та - die Videokassette
відеомагази́н (відеокрамни́ця) - die
    Videothek
відкри́в - geöffnet, öffnete
відкрива́ти, відчиня́ти - öffnen
відмовля́ти(-ся) - ablehnen
відно́влення - die Genesung,
    Rehabilitation
відно́влювати - gesund pflegen
відпові́в - geantwortet, antwortete
ві́дповідь - die Antwort, відповіда́ти -
    antworten, erwidern
відпуска́ти - freisetzen
відро́ - der Eimer
відчува́ючи - fühlend
війна́ - der Krieg
вік - das Alter

ві́кна - die Fenster; вікно́ - das Fenster
ві́льний - frei
ві́льно - fließend
він - er
ві́сім - acht
ві́тер - der Wind
вітри́на - das Schaufenster
вла́сний - eigener, eigene, eigenes
вла́сник - der Besitzer
влаштува́ти - einrichten;
    влаштува́ння на робо́ту -
    Arbeitsbewerbung
влі́во / налі́во / ліво́руч - links
вмика́ти - anmachen; вимика́ти -
    ausmachen
вмира́ти - sterben, вмер - starb
вмі́ння, на́вичка - die Fähigkeit
вна́слідок, че́рез - wegen
вниз - nach unten
вого́нь - das Feuer
вода́ - das Wasser
води́ти - fahren, водій - der Fahrer
водій таксі́ - der Taxifahrer
водійські права́ - der Führerschein
воло́сся - das Haar
вона́ - sie
вони́ - sie (Pl)
во́сьмий - achter
впе́внений - sicher
впра́во / напра́во / право́руч - rechts
все - alles
все підря́д - vielseitig, alles könnend
всё ще - noch, weiterhin
всере́дину - hinein; in
всі, все, ко́жен - alle
встава́ти - aufstehen; Встава́й! - Steh
    auf!
втік / утік - lief weg
втішний, куме́дний - lustig
вто́млений - müde
втрача́ти, губи́ти - verlieren

ву́лиця - die Straße; ву́лиці - die Straßen
ву́лиця Щóрса - Schiorsa Strasse
ву́хо - das Ohr
вчóра/учóра - gestern
газ - das Gas
газе́та - die Zeitung
гальмó - die Bremse, гальмува́ти - bremsen
Ганнóвер - Hannover
гара́зд, дóбре - gut, alles klar
га́рний - schön
Ге́ншер - Genscher (Name)
геть - weg
гість - der Gast
глядачí - das Publikum
говори́ти, каза́ти - sprechen
годи́на - die Stunde
годи́на, годи́нник - Uhr; Дві годи́ни. - Es ist zwei Uhr.
годува́ти - füttern
голóдний - hungrig
гóлос - die Stimme
готéль - das Hotel; готéлі - die Hotels
готíвка - das Bargeld
готóвий - fertig
грá - das Spiel
грабíжник - der Räber
гра́ти / гра́ть - spielen
гри́вня - Hrywnja (ukrainisches Geld)
громадяни́н - der Herr
грóші - das Geld
гу́ма - der Gummi
гуртóжиток - das Studentenwohnheim
дав - gab
дава́й, дава́йте (Pl) - lass uns
дава́ти / дава́ть - geben
далéко - weit; да́лі - weiter
да́лі бу́де - Fortsetzung folgt
да́та - das Datum
дах - das Dach

два - zwei
два́дцять - zwanzig
два́дцять оди́н - einundzwanzig
два́дцять п'ять - fünfundzwanzig
двéрі - die Tür
двигу́н - der Motor
дві ти́сячі сто два́дцять - zweitausendeinhundertzwanzig
двір, подвíр'я - der Hof
двíсті - zweihundert
двíчі - zweimal
де - wo
дев'я́тий - neunter
дéв'ять - neun
дéкілька, небага́то - ein paar
дéнь - der Tag
деся́тий - zehnter
дéсять - zehn
дзвінóк - das Klingeln
дзвони́в - klingelte
дзвони́ти - klingeln
дзвони́ти по телефóну - anrufen
диви́тися - schauen, betrachten, zuschauen
дивови́жний, чудóвий - wunderbar
дивува́ти - überraschen
диза́йн - das Design
дити́на - das Kind
дитсадóк - der Kindergarten
дíвчинка, дíвчина - das Mädchen
дізна́вся про... - kennengelernt über...
дізна́тися - erfahren
дíйсно, спра́вді - wirklich
дíм, буди́нок - das Haus, das Zuhause
діста́ти / діста́ва́ти - erreichen, langen; herausziehen
дíти - die Kinder
для, на - für
до - bis, zu, zuvor, bevor
до побáчення - Auf Wiedersehen
до рéчі - übrigens
дóбре - gut, alles klar, okay

дóвгий - lang

дозвóлити / дозволя́ти - erlauben, gestatten

домáшня рабóта - die Hausaufgaben

домáшня твари́на - das Haustier

дóнька - die Tochter

допомóга - die Hilfe; допомогти́ - helfen

дорóга - die Straße

дороги́й - lieber, liebe; teuer

дóсвід - die Erfahrung

дóсить (таки́) - ziemlich

дохі́д, прибу́ток - das Einkommen

дощ - der Regen

дрі́т, кáбель - das Kabel

друг - der Freund

дру́гий - zweiter

дру́жній, при́язний - freundlich

ду́же - sehr

ду́мати, міркувáти, гадáти - denken

ду́маючи / гадáючи - denkend

дурни́й - dumm

дя́кувати - danken; Дя́кую вам. - Danke. Дя́кую. - Danke.

ей! - Hey!

Експрéс Банк - Express Bank

електри́чний - elektrisch

електрóнна пóшта - die E-Mail

енéргія - die Energie

Єврáзія - Eurasien

ж, же - doch, ja, aber; Візьмі́ть же цю кни́гу. - Nehmen Sie doch dieses Buch.

жалкувáти - leid tun; Я жалку́ю. - Es tut mir leid.

жаль, шкóда (+Dative) - leid tun; Мені́ шкóда. - Es tut mir leid.

жив - lebte

життя́ - das Leben

жить / жи́ти - leben, wohnen

жі́нка - die Frau; жінки́ - der Frau (Dat)

жінóчий - weiblich

жóвтий - gelb

журнáл - die Zeitschrift

журналі́ст - der Journalist

з - mit, seit

(з)нахóдити - finden

(з)раді́ти - froh werden

з, із, від - von, aus

за - pro; Я заробля́ю 50 гри́вень за годи́ну. - Ich verdiene 50 Hrywnja pro Stunde.

за годи́ну - pro Stunde

за)гáвкав - bellte

за)плати́ти - zahlen

забру́днювати - verschmutzen

забу́ти - vergessen

завжди́ - immer

завивáючи - heulend

завí́в - machte an (den Motor)

завмéрти - erstarren

завóдити - anmachen (nur ein Motor)

зáвтра - morgen

зáгадка - das Rätsel

задáча - die Aufgabe

задовóлення - der Spaß

зазвичáй / звичáйно - normalerweise

займáти час - Zeit nehmen; Це займáє п'ять хвили́н. - Es nimmt fünf Minuten.

закі́нчив / заверши́в - machte fertig

закі́нчити - beenden

закри́в - schloss

закривáти, зачиня́ти - schließen

закри́тий - geschlossen

залишáтися - bleiben

зали́шити - verlassen

залізни́ця - der Bahnhof

зáмість - anstelle von; зáмість тéбе - an deiner Stelle

зану́рюватися - sinken, eintauchen

заперéчувати - dagegen sein, protestieren

записка - die Notiz

записник, нотатник - das Notizbuch;
   записники, нотатники - die
   Notizbücher

записувати - aufnehmen

запитати - fragte, gefragt

заповнити - ausfüllen

зараз - jetzt, zurzeit, gerade

заробляти - verdienen

засунути / засовувати - einstecken

захищати - beschützen

заховався - versteckte

захопити - erbeuten

зачепити(ся) - sich anhaken,
   hängenbleiben

зброя - die Waffe

звичайний - gewöhnlich; normal

звичайно, авжеж, зрозуміло -
   natürlich

звільнити - feuern

згадав - erinnerte sich

згоден / згодний - einverstanden
   (Adj)

здатися - aufgeben

здивований - überrascht, verwundert

здивування - die Überraschung

здібність / обдарованість - die
   Begabung

здоров'я - die Gesundheit

здорово - toll

здрастуйте, добридень - hallo

зебра - das Zebra

зелений - grün

земля - die Erde; Land

ззаду - hinter

зірка - der Stern

зірочка - das Sternchen

злегка - leicht

зловити - fangen

злодій - der Dieb, злодії - die Diebe

злочинець - der Verbrecher

зміна - die Änderung

знав - wusste

знайомитися - kennenlernen;
   Радий(а) з Вами познайомитися. -
   Ich bin froh Sie kennenzulernen.

знайшов - gefunden

знати - kennen, wissen

знаходиться / знаходитися - ist,
   befindet sich; Крамниця
   знаходиться поряд. - Der Laden ist
   nah.

знаходяться - sind, befinden sich;
   Крамниці знаходяться поряд. - Die
   Läden sind nah.

значити, означати - bedeuten

знищити - zerstören

знімати - abnehmen

зніяковілий, розгублений - verwirrt

знову - wieder

зоопарк - der Zoo

зразу - gleich

зрозумів - verstanden, verstand

зуміти - schaffen

зупинив - beendete

зупиняти(ся) - anhalten

зустрів - getroffen, traf, kennengelernt

зустрічати(ся) - treffen, kennenlernen

його - ihn (Akkusativ), sein(e)
   (Possessivpronomen); його ліжко -
   sein Bett; Я знаю його. - Ich kenne
   ihn. Це його книга. - Das ist sein
   Buch.

йому - ihm

йти / іти - gehen, weggehen

і так далі - usw.

і, й, та / а - und

Іван - Ivan (Name)

іграшка - das Spielzeug

ідея - die Idee

їжа - das Essen

із, з - aus, von

їздити - fahren

їй - ihr (Dativ); Я хочу́ подарува́ти їй ці кві́ти. - Ich möchte ihr diese Blumen schenken.

ії́ - sie (Akkusativ), ihr(e) (Possessivpronomen); Я зна́ю її́. - Ich kenne sie. Це її́ кни́га. - Das ist ihr Buch.

їм - ihnen (Dativ)

і́м'я - der Name; на́зва - der Name (für Sachen)

індивідуа́льно - einzeln

інжене́р - der Ingenieur

і́нколи, і́ноді, де́коли - manchmal, ab und zu

інопланетя́нин / прибу́лець - der Außerirdische

інформа́ція - die Information, die Angabe

і́нший - ein anderer, eine andere, ein anderes

Іспа́нія - Spanien

іспа́нський - spanische

ї́сти - essen

істо́рія - die Geschichte

італі́йський - Italienische

іти́ / йти / ходи́ти - gehen, kommen

їх - sie (Akkusativ), ihr(e) (Possessivpronomen); Я зна́ю їх. - Ich kenne sie. Це ї́хні кни́ги. - Das sind ihre Bücher.

ї́хати / ї́хать - fahren

ї́хати на велосипе́ді - Fahrrad fahren, mit dem Fahrrad fahren

ка́ва - der Kaffee

ка́мінь - der Stein

капелю́х - der Hut

капіта́н - der Kapitän

ка́рта - die Karte

ка́рта люди́ни - der Plan des Mannes

карти́н(к)а, зобра́ження - das Foto, das Bild

ка́са - die Kasse; каси́р - der Kassierer

Ка́спер - Kasper (Name)

кафе́ - das Café

квита́нція - die Quittung

квито́к - die Fahrkarte

кві́тка - die Blume

кенгуру́ - das Känguru

керівни́к / керівни́ця - der Leiter / die Leiterin

Ке́рол - Carol

керува́ти - lenken

ки́лим - der Teppich

кит - der Wal; кит-вби́вця - der Schwertwal

кише́ня - die Tasche

кіломе́тр - der Kilometer

кі́лька/де́кілька, небага́то - einige

кімна́та - das Zimmer; кімна́ти - die Zimmer

кіне́ць - das Ende

кі́шечка - die Miezekatze

кі́шка, ки́цька - die Katze

клавіату́ра - die Tastatur

клас - die Klasse

кла́сна кімна́та - das Klassenzimmer

кла́сти - liegen

кліє́нт - der Kunde

клуб - der Verein

ключ - der Schlüssel

кни́га - das Buch

кни́жкова ша́фа - das Bücherregal

кно́пка - der Knopf

ко́жен - jeder, jede, jedes

коле́га - der Kollege

ко́лесо - das Rad

коли́ - wenn

Колобо́ков - Kolobokov (Name)

кома́нда - die Mannschaft

кома́р - die Stechmücke

комп'ю́тер - der Computer

компа́кт-диск - die CD

компа́нія - die Firma

ко́нкурс - der Wettbewerb

консульта́нт - der Berater
консульта́ція - die Beratung
консультува́ти - beraten
контро́ль - die Kontrolle
координа́ція - die Koordination
корабе́ль - das Schiff
коро́ткий - kurz
космі́чний корабе́ль - das Raumschiff
ко́смос - das Weltall
котеня́ - das Kätzchen
котри́й - der, die, das *(konj.)*
коха́ти - lieben
ко́штувати - kosten
краї́на - das Land
крамни́ця - der Laden; крамни́ці - die Läden
кран - der Wasserhahn
кра́сти / цу́пити - stehlen
кра́ще - besser
кра́щий - beste
кри́кнув - gerufen, rief
криміна́льний - kriminell
криста́л - das Kristall
крича́ти - schreien, rufen
крім - außer, ausgenommen
Крі́стіан - Kristian (Name); Крі́стіана - Kristians
крок - der Schritt
Кузьма́ - Kuzma (Name)
купува́ть / купува́ти - kaufen
курс - der Kurs
ку́ртка - die Jacke
куса́ти - beißen
ку́хня - die Küche
ла́зер - der Laser
лев - der Löwe
лежа́ти - liegen
лист - der Brief
лише́ - nur
лі́дер - der Führer
лі́жка - die Betten; лі́жко - das Bett
лі́кар - der Arzt

літа́к - das Flugzeug
літа́ти - fliegen
лі́фт - der Aufzug
лови́ти - fangen
Лю́ба - Luba (Name)
люби́в - liebte, geliebt
люби́ти - mögen, lieben
любо́в / коха́ння - die Liebe
лю́ди - die Menschen
люди́на - der Mensch
лю́дський - menschlich
ля́лька - die Puppe
мав - hatte, gehabt
ма́впа - der Affe
мада́м - die Madame
ма́є - er/sie/es hat; Він ма́є кни́гу. - Er hat ein Buch.
майбу́тній - zukünftig
мале́нький - klein
ма́ло, тро́хи - wenig
ма́ма - Mama, die Mutter
ма́мин - der Muti (Dat)
ма́сло - die Butter
ма́ти - haben
ма́ти / ма́тір - die Mutter
матра́с - die Matratze
маши́на - das Auto; die Maschine
ме́блі - die Möbel
меди́чний - medizinisch
мене́ / мені́ - mich / mir
(мені́) ціка́во - ich frage mich
ме́нше, ме́нш - weniger
мета́л, метале́вий - das Metall
ме́тод - die Methode
метр - der Meter
ми - wir
Мико́ла - Mikola (Name)
мину́в - abgelaufen
мину́лий - vorige, letzte
мисте́цтво - die Kunst
ми́ти - waschen
Михаї́л (Миха́йло) - Mikhail

міг - könnte
між - zwischen
мíй (M), моя́ (F), моє́ (N), моí (Pl) - mein, meine, mein, meine
мікрофóн - das Mikrofon
мілья́рд - Billionen
мíнімум - wenigstens
міня́ти - ändern
міст - die Brücke
мíсто - die Stadt
мíсце - der Platz
мíсяць - der Monat
міцнúй - starker
мобíльний - das Handy
мóва - die Sprache
мовчазнúй - leise
мовчáти - schweigen
мóвчки - schweigend
могтú, умíти - können; Я умíю / мóжу читáти. - Ich kann lesen.
можлúвий - möglich
можлúвість - die Möglichkeit
можлúво - wahrscheinlich, können; Я, можлúво, підý в банк. - Ich kann zur Bank gehen.
мóжна - dürfen, können; Мóжна Вам допомогтú? - Kann ich Ihnen helfen?
мóкрий - nass
молодúй - jung
момéнт - der Moment
монотóнний - monoton
мóре - das Meer
морóзиво - das Eis
мрíя - der Traum
мрíяти - träumen
мýзика - die Musik
на - auf, in, on, at
на вýлиці - draußen
на вýлицю - nach außen
(на)писáти - schreiben
(на)учúтися / (на)вчитися - lernen

набрáти / набирáти - wählen (am Telefon)
нáвичка / нáвички - die Fertigkeit(en)
навкóло - rund, umher
навчáння - lernen
нагрівáти - aufwärmen
над - über
надíя - die Hoffnung
надíятися / сподівáтися - hoffen
нáдто, занáдто - zu; занáдто дорогúй - zu teuer
назáд - zurück
називáти - nennen
назóвні - nach draussen
найблúжчий - der nechste, in der Nähe, nächste
накáзувати - befehlen
нам / нас - uns (Dat.) / uns (Ak.)
намагáвся - versuchte
намагáтися - versuchen
напóвнювати - füllen
напрáвив на - richtete
направля́тися / йтú - gehen
нарéшті - schließlich
нарýчники - die Handschellen
насíння - das Saatgut
наступáти - treten
натискáючи ногóю - tretend
натúснув ногóю - trat
натúснути / натискáти - drücken
нáфта - das Öl
націонáльність - die Nationalität
нáчебто - als ob
наш - unser
не - nicht
не мóжна (+ Dative) - nicht dürfen; Йомý не мóжна працювáти. - Er darf nicht arbeiten.
негáйно - sofort
недíля - Sonntag
незнайóмий - fremd

ненави́діти - hassen

непра́вильно - falsch

несподі́ванка - Überraschung

несподі́вано, знена́цька, ра́птом - plötzlich

несправедли́вий - ungerecht

неспра́вний - außer Betrieb

нести́ - bringen, bringen in Händen

ні - nein

ніж - als; Мико́ла ста́рший ніж Лю́ба. (Микола старший за Лю́бу / від Лю́би) - Mikola ist älter als Liuba.

ніко́ли - nie

ні́мець - der Deutsche, ні́мка / німке́ня - die Deutsche

німе́цький - deutsche

Німе́ччина - der Deutschland

ніс - die Nase

ніхто́ - niemand

ніч - die Nacht

нічого́ / ніщо́ - nichts

нія́кий, жо́дний / жо́ден - nein

нови́й - neu

нога́ - das Bein

но́мер - die Nummer

Норве́гія - Norwegen

о - um, о пе́ршій годи́ні - um eins

О! - Oh!

обли́ччя - das Gesicht

обме́ження, ліми́т - die Begrenzung

обслуго́вувати - bedienen

оголо́шення - das Inserat

Оде́са - Odessa

оди́н - ein

оди́н о́дного - einander

оди́н по о́дному - einer nach dem anderen

оди́н раз - einmal

одина́дцять - elf

одру́жений - verheitatet (ein Mann); замі́жня - verheitatet (eine Frau)

о́дяг - Kleidung

одяга́ти / одягну́ти - anziehen

одя́гнений, вбра́ний - gekleidet, angezogen

о́зеро - der See

о́ко - das Auge; о́чі - die Augen

олімпі́йський - olympisch

опу́дало парашути́ста - die Fallschirmspringerpuppe

осві́та - die Ausbildung

оскі́льки / тому́ що - weil, denn, da

осо́ба - die Person

особи́стий - persönlich

особли́во - vor allem

отри́мувати, оде́ржувати - bekommen, kriegen, erhalten

о́фіс - das Büro

офіце́р - der Polizist

оціни́в - ausgewertet

оці́нювати - beurteilen

очища́ючи - putzend

п'я́тий - fünfter

п'ятна́дцять - fünfzehn

п'ять - fünf

па́дати - fallen

па́даючий - fallend

паді́ння - der Fall

пан - Herr; пан Івано́в - Hr. Iwanow

пан Соколо́в - Hr. Sokolov

панікува́ти - in Panik versetzen

папі́р - das Papier

параш́ут - der Fallschirm

парашути́ст - der Fallschirmspringer

парк - der Park; па́рки - die Parks

патру́ль - die Patroiulle, die Streife

пацю́к - die Ratte

Па́ша - Pascha (Name)

Па́ші - Paschas; кни́га Па́ші - Paschas Buch

перевіря́ти - kontrollieren

перегорта́ти (сторі́нку) - durchblättern

пе́ред - gegen, vor, bevor

пе́ред тим, як - bevor, zuvor

пере́дній - vorn

переклада́ч - der Übersetzer

переко́натися - eine Überzeugung gewinnen

переля́каний - ängstlich

пере́рва - die Pause

перш ніж - bevor

пе́рший - der erste

писа́в - schrieb

письме́нник - der Schriftsteller

письме́нницька пра́ця (робо́та) - Schreibarbeit

письмо́вий стіл - der Schreibtisch

пи́ти - trinken

пів на дев'я́ту - halb neun

під - unter

під час - zu Zeiten

підійти́ для... - geeignet sein für...

підкре́слити - unterstreichen

підло́га - der Boden

підніма́ти - heben

підніма́тися - aufstehen

підру́чник - das Fachbuch

підходя́щий - passend

піклува́тися - sich kümmern um

піло́т - der Pilot

пі́сля - nach

пі́сля цього́ - danach

пісо́к - der Sand

пі́шки - zu Fuß

пішо́в - ging (weg)

пла́вати - schwimmen

пла́кати - weinen

план - der Plan

плане́та - der Planet

планува́ти - planen

плати́в - bezahlte, gezahlt

пливти́ - schwimmen, treiben

пливу́чий - schwimmender, treibender

плита́ кухо́нна - der Herd

пло́ща - der Platz

по ба́тькові - der Vatersname, der zweite Name

(по)вести́ - füren, bringen j-n

(по)кла́сти - legen

(по)ми́ти - waschen

поверну́в(-ся) - drehte (sich)

поверта́тися - zurückkommen

повз, ми́мо - vorbei

пови́нен, му́шу - müssen; Я пови́нен іти́. - Ich muss gehen.

повідо́мив - informierte, teilte mit

повідо́млювати - berichten, informieren, mitteilen

пові́льно - langsam

пові́тря - die Luft

по́вна за́йнятість - Vollzeitarbeit

по́вний - voll

пога́ний - schlecht

пого́да - das Wetter

пого́джуватися - einverstanden sein

пого́ня - die Verfolgung

пограбува́ння - der Diebstahl

подава́ти зая́ву - sich bewerben

подзвони́в - rief an

подиви́вся - sah, schaute, geschaut

подо́батися (passive form +Dative) - gefallen; Вона́ мені́ подо́бається. - Sie gefällt mir.

по́друга - die Freundin

по́їзд - der Zug

пої́здка - Fahrt

пої́хав - fuhr los

показа́в - zeigte

пока́зувати - zeigen

покида́ти / йти - verlassen

поку́пка - Einkauf

по́ле, графа́ - das Feld

полеті́в - flog weg

поліце́йський - der Polizist

полі́ція - die Polizei

полови́на - halb

помічни́к - der Helfer
поміща́ти - legen
понеді́лок - Montag
пора́, час - es ist an die Zeit, es ist
  soweit
поро́жній / порожня - leer
пору́шник - der Raser
по́ряд - nahe
поса́да - die Position
посла́в - schickte
посміха́тися - lächeln
посміхну́вся - lächelte, gelächelt
по́смішка - das Lächeln
пості́йний - beständig
по́тайки - heimlich
по́тім, тоді́, потому - dann
поча́в - begann, begonnen
почина́ти - anfangen
почи́стив - säuberte
поя́снювати / поясни́ти - erklären;
  Ви мо́жете поясни́ти це? - Können
  Sie das erklären?
пра́вило - die Regel
пра́вильний - richtig(er)
пра́вильно - richtig
пра́во - das Recht
пра́льна маши́на - die Waschmaschine
працюва́в - arbeitete, gearbeitet
працюва́ти - arbeiten
працю́ючий - arbeitende
прекра́сний - schön, wunderschön
приблизно, близько - etwa
прибра́ти / прибира́ти - wegnehmen
прибу́в - angekommen
прибу́ти - ankommen
приві́т, здоро́в - hallo
привіта́ти - grüssen
приво́зити - bringen
привозячи - bringend
приго́да - das Abenteuer
приготува́ння ї́жі - das Kochen
приготува́ти(ся) - vorbereiten (sich)

приділя́ти час - Zeit zuteilen / finden
прие́днуватися - kommen in
приземля́тися - landen
прийшо́в - kam, gekommen
прики́нутися / прикида́тися /
  придури́тися - vorgeben; so tun, als
  ob
при́клад - das Beispiel; напри́клад -
  zum Beispiel
приму́сити / приму́шувати - zwingen
прине́сення - gebracht
приро́да - die Natur
пристіба́ти - anschnallen
причи́на - der Grund
(про)аналізува́ти - analysieren
(про)ні́сся - raste
пробле́ма - das Problem
про́бувати - versuchen
прово́дити час - Zeit verbringen
програ́ма - das Programm
програ́міст - der Programmierer
прогу́лянка - Spaziergang
продава́ти - verkaufen
продаве́ць / продавщи́ця - der
  Verkäufer / die Verkäuferin
продо́вжити - fortführen
прокля́ття - verdammt
проковтну́ти - (hinunter)schlucken
промо́ва - die Rede
пропа́в - weg sein
проси́ти - bitten
прости́й - einfach
про́ти - gegen
про́тягом - im Verlauf, während
профе́сія - der Beruf
птах - der Vogel
пуска́ти, дозво́лити - lassen
пусти́й, поро́жній - leer
рада́р - der Radar
ра́дий - froh
ра́діо - das Radio
ра́зом - zusammen

раніше - vorher
ра́нок - der Morgen
реда́ктор - der Herausgeber, der Redakteur
рекла́ма - die Werbung
рекоменда́ція - die Empfehlung
рекомендува́в - empfiehl
рекомендува́ти - empfehlen
ре́мені безпе́ки - der Sicherheitsgurt
репорте́р - der Reporter
рете́льний - sorgfältig
рикоше́том - abprallen
рід - die Art
рі́дко - selten
рі́дна мо́ва - die Muttersprache
рі́зний - verschieden
рік - das Jahr
річ, предме́т - das Ding, die Sache
Ро́берт - Robert (Name)
Ро́берта - Roberts
роби́в - machte
роби́ти - machen
робо́та - die Arbeit
роботода́вець - der Arbeitgeber
робо́чий - der Arbeiter
роди́на, сім'я́ - die Familie
роз'їжджа́ти - reisen
розби́ти - zerbrechen
розванта́жувати - abladen
розвива́ти - entwickeln
розмовля́ти́ - sich unterhalten
розповсю́джувати - übergreifen
розумі́ти - verstehen
розу́мний, кмітли́вий, метико́ваний - intelligent
розу́мно - schlau, klug
розумо́ва рабо́та - Kopfarbeit
ру́брика - die Rubrik
руйнува́ти - zerstören
рука́ - der Arm, Hand
ру́хався - bewegte sich

рятува́льна слу́жба - der Rettungsdienst
рятува́ти - retten
сад - der Garten
са́мий (най-) - meist
само́тній - ledig
Све́та - Sveta (Name)
свій - *ersetzt alle Possessivpronomen (Singular und Plural), wenn das Subjekt im Satz der Besitzer des Objektes ist:* Я використо́вую свій комп'ю́тер. - *Ich benutze mein (eigener) Komputer.*
світ - die Welt
сезо́н - die (Jahres)zeit
сейф - der Tresor
секре́т - das Geheimnis
секрета́р - die Sekretärin
село́ - das Dorf
се́ндвіч - das Sandwich
Сергі́й - Sergey
серди́тий - wütend
серди́то - wütend
сержа́нт - der Polizeihauptmeister
серйо́зно - ernst
серіа́л - die Serie
сестра́ - die Schwester
сивоволо́сий - grauhaarig
сигна́л - der Piepton
сиді́ння - der Sitz
сиді́ти - sitzen
си́ла - die Stärke
си́льний - starke
си́льно - stark
син - der Sohn
си́ній - blau
си́пати, насипа́ти - schütten, gießen
сире́на - die Sirene
ситуа́ція - die Situation
сіда́ти - sich hinsetzen, sich setzen
сіді-пле́єр - der CD-Spieler
сільська́ місце́вість - das Land

сім - sieben

сімнáдцять - siebzehn

сíрий - grau

сказáв - sagte

сказáти - sagen

скíльки - wieviel

склáсти / складáти - entwerfen,
    verfassen

склáсти íспит - eine Prüfung bestehen

склó - das Glas

скóро, невдóвзі - bald

словá - die Wörter, die Vokabeln;
    слóво - das Wort, die Vokabel

слугá (M), служнíця (F) - der
    Bedienstete

слýхати - hören; Я слýхаю мýзику. -
    Ich höre Musik.

смачнúй - lecker

смердючий - stinkend

смертéльний - tödlich

сміятися - lachen

снідáнок - das Frühstück

снíдати - frühstücken

собáка - der Hund

сон - schlafen

сóрок чотúри - vierundvierzig

сорóмитися - sich schämen; йомý
    сóромно - er schämt sich

спаніéль - der Spaniel

спáти - schlafen

спúсок - die Liste

співáк (M), співáчка (F) - der Sänger

співáти - singen

спóрт - der Sport; спортúвна
    крамнúця - das Sportgeschäft,
    спортúвний велосипéд - das
    Sportfahrrad

спóсіб - Art und Weise

спочáтку - erst

спрáвжній - wirkliche

спрúтний, жвáвий - schnelle

ставáти - werden; stellen

стан - der Stand; сімéйний стан - der
    Familienstand

стандáртний - der Standard,
    Standard-

стáнція - station

старúй - alt

стáрший - älter

стать, рід - das Geschlecht

ствóрювати, справляти - herstellen

стікáти - ablaufen

стіл - der Tisch; столú - die Tische

стілéць - der Stuhl

сто - hundert

стопá - der Fuß

сторíнка Інтернéту - die Website

стояти - stehen

стрибáти - springen

стрибóк - der Sprung

стрóгий - strenge

струм - der Strom

струнккúй - schlank

студéнт - der Student; студéнти - die
    Studenten

ступня - der Fuß

субóта - Samstag

сýкня - Kleidung

сýмка - die Tasche

сумнúй - traurig

супермáркет - der Supermarkt

супровóджував - begleitet, begleitete

супровóджувати - begleiten

сусíд - der Nachbar

сусíдній - der nächste

сухúй - trocken

сушúти - trocknen

схóди / схíдці - die Treppe

схóдити з - aussteigen

США - die USA

сьогóдні - heute

сьóмий - siebter

таблéтка, пігýлка - die Tablette

так - ja

також, теж - auch
таксі - das Taxi
там - dort (Platz)
та́нкер - der Tanker
танцюва́ти - tanzen; танцюва́в - tanzte; танцю́ючи - tanzend
тарі́лка - der Teller
та́то - der Vater, та́товий / та́тів - Vatis (Dat)
тату́сь - Papa
твари́на - das Tier
твій - dein (Possessiv), ваш - euer, Ваш - Ihr
твір, компози́ція - der Entwurf, der Text
тво́рчий - kreativ
теж, та́кож - auch
текст - der Text
телеба́чення - der Fernseher
телеві́зор - der Fernseher
телефо́н - das Telefon
телефо́нна тру́бка, слу́хавка - der Telefonhörer
телефонува́ти - telefonieren
те́мний - dunkel
тепе́р, ни́ні, са́ме - jetzt, zurzeit, gerade
те́плий - warm
те́рти(-ся) - reiben (sich)
тест - die Prüfung
тестува́ти - prüfen
те́чія - der Fluss
ти / Ви / ви - du / Sie / ihr
тигр - der Tiger
ти́ждень - die Woche
тим ча́сом - in der Zwischenzeit
ти́сяча - eintausend, tausend
ти́хо - leise
ті - jene (Pl.)
ті́льки, лише́ - nur
това́риш - comrade

той (M), та (F), те (N) - jener, jene, jenes
той же, той са́мий - der Gleiche; одноча́сно - gleichzeitig
тому́ - deshalb, deswegen
тому́ що - da, weil
(тому́) наза́д - vor; рік (тому́) наза́д - vor einem Jahr
торго́вий центр - das Einkaufszentrum
тормозо́к - der Imbiss
тра́нспорт - der Transport
тра́тити - ausgeben, verwenden
тре́ба / потрі́бно (+ Dative) - brauchen
тренува́льний - trainiert
тренува́ти - trainieren
тре́тій - dritter
три - drei
трива́ти - dauern
триво́га - der Alarm
три́дцять - dreißig
тро́хи - ein bisschen
труси́ти(ся) - zittern
трюк - der Trick
трюк із рятува́ння життя́ - der Rettungstrick
тря́с(-ся) - wackelte
туале́т - die Toilette
туди́ - dorthin (Richtung)
тут - hier (Ort), сюди́ - hierher (Richtung), ось / от - hier ist / sind
тягну́ти - ziehen
у ме́не - ich habe, у нас - wir haben, у те́бе / у вас - du hast / ihr habt, у Вас - Sie haben, у ньо́го - er / es hat, у не́ї - sie hat, у них - sie haben
у, в - in
ува́га - die Aufmerksamkeit
ува́жно, акура́тно - vorsichtig
увімкну́в - machte an
уго́да, до́говір - die Vereinbarung

укра́дений - gestohlen
Украї́на - die Ukraine
украї́нець (M), украї́нка (F) -
    Ukrainer / Ukrainerin, украї́нський
    (M) (Adj) - ukrainische; украї́нська
    мо́ва - ukrainische Sprache
укриття́ - die Abdeckung
улю́блений - Lieblings
умива́тися - waschen
університе́т - die Universität
упав - fiel
уро́к - die Unterrichtsstunde, die
    Aufgabe
уча́сник - das Mitglied, der Teilnehmer
учи́тель / вчи́тель - der Lehrer
учи́ти / вивча́ти - lernen
учи́ти(-ся), навча́тися - studieren,
    lernen
учи́тися/вчи́тися - studieren
фе́рма - der Bauernhof
фе́рмер - der Bauer
фізи́чна рабо́та - die Handarbeit
фі́льм - der Film
фіна́нси - die Finanzwissenschaft
фі́рма - die Firma
ФЛЕ́КС - Schule für Austauschschüler
    (SAS)
Форд - Ford
фо́рма, анке́та - das Formular
фото́граф - der Fotograf
фотогра́фія / зні́мок - die Fotografie
фотографува́ти / знима́ти -
    fotografieren
фра́за - der Satz
хазя́їн / госпо́дар - der Gastgeber
харчува́ння - das Essen
хвили́на - die Minute
хвилюва́тися - sich Sorgen machen
хви́ля - die Welle
хвіст - der Schwanz
хита́ючись - schaukelnd
хи́трий - schlau, schlauer

хи́тро - schlau
хіміка́ти - die Chemikalien
хімі́чний - chemisch
хі́мія - die Chemie
хліб - das Brot
хло́пець, хло́пчик, па́рубок - der
    Junge
хо́ванки - das Versteckspiel
хова́ти(-ся) - sich verstecken
хо́лод - die Kälte
холо́дний - kalt
хоро́ший, га́рний, до́бре - gut
хоті́в - wollte
хоті́ти - wollen
хоча́ - obwohl
хто, котри́й - wer
хто-не́будь (кого́-не́будь), хтось -
    jemand (jemanden)
худо́жник - der Künstler
це ре́чі - diese Dinge
це, воно́ - es
цей (M), ця (F), це (N) - dieser, diese,
    dieses; ця кни́га - dieses Buch
центр - das Zentrum
центр мі́ста - das Stadtzentrum
центра́льний - Haupt-, zentral
церемо́нія - die Feier
ці - diese
ціка́вий - interessant
цілува́ти - küssen
ціна́ - der Preis
цуценя́ - der Welpe
чаєва́рка - Teemaschine
чай - der Tee
ча́йник - der Kessel
час - die Zeit; час іде́ - die Zeit läuft
части́на - der Teil
часткова́ за́йнятість - die
    Teilzeitarbeit
ча́сто - oft
ча́шка - die Tasse
чека́в - wartete

чека́ти - warten
черво́ний - rot
че́рга - die Schlange
че́рез - hindurch
че́рез, за - in; за дві годи́ни - in zwei Stunden
четве́ртий - vierter
чи - ob; Чи мо́же він допомогти́? - Ob er helfen kann?
чий - wessen
чи́стий - sauber
чи́стити - putzen
чита́ння - das Lesen
чита́ти / чита́ть - lesen
чита́ючий - lesende
чіпля́тися до (+Dative) - ärgern
чолові́к - der Mann
чоловіки́ - die Männer
чолові́чий - männlich
чому́ - warum
чо́рний - schwarz
чоти́ри - vier
чув - hörte, gehört
чудо́во - super, toll
шанс - die Chance
швидки́й - schnelle(r)
шви́дкість - die Geschwindigkeit
шви́дко - schnell
широ́кий - weit
ши́роко - weit
шістдеся́т - sechzig
шість - sechs

шко́ла - die Schule
шлях - der Weg
шо́стий - sechster
штовха́ти - stoßen, ziehen
шука́ти - suchen
щасли́вий - glücklich
ща́стя - das Glück
ще - noch; ще оди́н - noch einen
щи́ро - offenherzig
що - dass; Я зна́ю, що вона́ украї́нка. - Ich weiss, dass sie ist Ukrainerin. Я зна́ю, що ця кни́га ціка́ва. - Ich weiß, dass dieses Buch interessant ist.
що - was; Що це? - Was ist das?
що ме́шкає, котри́й ме́шкає - wohnhaft
щоб - um... zu...
щогоди́ни - stündlich
щоде́нно / щодня́ - täglich, jeden Tag
що-не́будь, щось, де́що - etwas
я - ich; я бу́ду - Ich werde
як - wie; Як я. - Wie ich.
як мо́жна части́ше / якнайчасті́ше - so oft wie möglich
Як спра́ви? Як ся ма́єш? - Wie geht es?
як що́до...? - was ist mit...?
яки́й - welcher/welche/welches; Яки́й стіл? - Welcher Tisch?
яки́й-не́будь, бу́дь-яки́й - irgendein
якщо́ - ob, wenn, falls
я́щик - die Kiste

Німецько-український словник

Abdeckung, die - укриття
Abend, der - вéчір
Abenteuer, das - пригóда
aber - алé
abgelaufen - минýв
abladen - розвантáжувати
ablaufen - стікáти
ablehnen - відмовляти(-ся)
abnehmen - знімáти
abprallen - рикошéтом
absolut - абсолю́тний / пóвний /
    цілковúтий
acht - вíсім
achter - вóсьмий
Adresse, die - адрéса
Affe, der - мáвпа
Agentur, die - агéнтство
Alarm, der - тривóга
alle - всі, все, кóжен
alles - все
als - ніж; Mikola ist älter als Liuba. -
    Микóла стáрший ніж Люба.
    (Микола старший за Любу / від
    Люби)
als ob - нáчебто
alt - старúй; älter - стáрший; Alter, das
    - вік
am, beim, in der Nähe - бíля
analysieren - (про)аналізувáти
ändern - міняти
Änderung, die - змíна
anfangen - починáти
angekommen - прибýв
Angela - Áнжела
ängstlich - переля́каний
anhalten - зупиняти(ся)
ankommen - прибýти
anmachen - вмикáти; anmachen (nur
    ein Motor) - завóдити

Anrufbeantworter, der - автовідповідáч
anrufen - дзвонúти по телефóну
anschnallen - пристібáти
anstelle von - зáмість; an deiner Stelle -
    зáмість тéбе
Antwort, die - вíдповідь
antworten, erwidern - відповідáти
Anya (Name) - Áня
anziehen - одягáти / одягнýти
Apotheke, die - аптéка
Arbeit, die - робóта
arbeiten - працювáти
arbeitende - працю́ючий
Arbeiter, der - робóчий
arbeitete, gearbeitet - працювáв
Arbeitgeber, der - роботодáвець
Arbeitsbewerbung - влаштувáння на
    робóту
Arbeitsvermittlung, die - агéнтство з
    працевлаштувáння
ärgern - чіпля́тися до (+Dative)
arm - бíдний
Arm, der; Hand - рукá
Art, Typ - вид / тип / рід
Art und Weise - спóсіб
Arzt, der - лíкар
Aspirin, das - аспірúн
auch - тáкож, теж
auf, in, on, at - на
Auf Wiedersehen - до побáчення
Aufgabe, die - задáча
aufgeben - здáтися
Aufmerksamkeit, die - увáга
aufnehmen - запúсувати
aufstehen - вставáти. підніматися
aufwärmen - нагрівáти
Aufzug, der - ліфт
Auge, das - óко; die Augen - óчі
au-pair - áпер
aus, von - із, з

(aus)rufen - вигу́кувати

Ausbildung, die - осві́та

ausfüllen - запо́внити

ausgeben, verwenden - тра́тити

ausgewertet - оціни́в

ausmachen - вимика́ти

außer, ausgenommen - крім

außer Betrieb - неспра́вний

Außerirdische, der - інопланетя́нин / прибу́лець

aussteigen - схо́дити з

Auto, das; die Maschine - маши́на

Bad, das, das Badezimmer - ва́нна кімна́та; die Badewanne - ва́нна; der Badezimmertisch - ва́нний сто́лик

Bahnhof, der - залізни́ця

bald - ско́ро, невдо́взі

Bank, die - банк

Bargeld, das - готі́вка

Bauer, der - фе́рмер

Bauernhof, der - фе́рма

bedeuten - зна́чити, означа́ти

bedienen - обслу́говувати

Bedienstete, der - слуга́ (M), служни́ця (F)

beenden - закі́нчити

beendete - зупини́в

befehlen - нака́зувати

Begabung, die - зді́бність / обдаро́ваність

begann, begonnen - поча́в

begleiten - супрово́джувати; begleitet, begleitete - супрово́джував

Begrenzung, die - обме́ження, лімі́т

beibringen, lehren - виклада́ч

Bein, das - нога́

Beispiel, das - при́клад; zum Beispiel - напри́клад

beißen - куса́ти

bekommen, kriegen, erhalten - отри́мувати, оде́ржувати

beladen - ванта́жити

bellte - (за)га́вкав

benutzen - використо́вувати

beraten - консультува́ти

Berater, der - консульта́нт

Beratung, die - консульта́ція

berichten, informieren, mitteilen - повідо́млювати

Beruf, der - профе́сія

beschützen - захища́ти

Besitzer, der - вла́сник

besser - кра́ще

beständig - пості́йний

beste - кра́щий

besuchte - відві́дав

Betten, die - лі́жка; das Bett - лі́жко

beurteilen - оці́нювати

bevor, zuvor - пе́ред тим, перш ніж, як

bewegte sich - ру́хався

bewusstlos - без свідо́мості

bezahlte, gezahlt - плати́в

Billionen - мілья́рд

bis, zu, zuvor, bevor - до

bitte - будь ла́ска

bitten - проси́ти

blass - блідни́й

Blatt, das - а́ркуш

blau - си́ній

bleiben - залиша́тися

Blume, die - кві́тка

Boden, der - підло́га

Boris Provornov - Бори́с Прово́рнов

brauchen - тре́ба / потрі́бно (+ Dative)

Bremse, die - гальмо́

bremsen - гальмува́ти

Brief, der - лист

bringen, bringen in Händen - приво́зити, нести́

bringend - приво́зячи

Brot, das - хліб

Brücke, die - міст

Bruder, der - брат

Buch, das - книга
Bücherregal, das - книжкова шафа
Büro, das - офіс
Bus, der - автобус
Butter, die - масло
Café, das - кафе
Carol - Керол
CD, die - компакт-диск
CD-Spieler, der - сіді-плеєр
Chance, die - шанс
Chemie, die - хімія
Chemikalien, die - хімікати
chemisch - хімічний
Computer, der - комп'ютер
comrade - товариш
da, weil - тому що
Dach, das - дах
dagegen sein, protestieren - заперечувати
danach - після цього
danken - дякувати; Danke. - Дякую вам. Danke. - Дякую.
dann - потім, тоді, потому
dass - що; Ich weiss, dass sie ist Ukrainerin. - Я знаю, що вона українка. Ich weiß, dass dieses Buch interessant ist. - Я знаю, що ця книга цікава.
Datum, das - дата
dauern - тривати
dein (Possessiv) - твій; euer - ваш; Ihr - Ваш
denken - думати, міркувати, гадати
denkend - думаючи / гадаючи
der, die, das (konj.) - котрий
deshalb, deswegen - тому
Design, das - дизайн
deutsche - німецький
Deutsche, der - німець; die Deutsche - німка / німкеня
Deutschland, der - Німеччина
die (Jahres)zeit - сезон

Dieb, der - злодій; die Diebe - злодії
Diebstahl, der - пограбування
diese - ці
diese Dinge - це речі
dieser, diese, dieses - цей (M), ця (F), це (N); dieses Buch - ця книга
Ding, das, die Sache - річ, предмет
doch, ja, aber - ж, же; Nehmen Sie doch dieses Buch. - Візьміть же цю книгу.
Dorf, das - село
dort (Platz) - там
dorthin (Richtung) - туди
draußen - на вулиці
dreckig - брудний
drehte (sich) - повернув(-ся)
drei - три
dreißig - тридцять
dritter - третій
drücken - натиснути / натискати
du / Sie / ihr - ти / Ви / ви
dumm - дурний
dunkel - темний
durchblättern - перегортати (сторінку)
dürfen, können - можна; Kann ich Ihnen helfen? - Можна Вам допомогти?
DVD, die - відеодиск
eigener, eigene, eigenes - власний
Eimer, der - відро
ein - один
ein anderer, eine andere, ein anderes - інший
ein bisschen - трохи
ein paar - декілька, небагато
einander - один одного
eine Prüfung bestehen - скласти іспит
eine Überzeugung gewinnen - переконатися
einer nach dem anderen - один по одному
einer von euch - один з вас
einfach - простий
einige - кілька/декілька, небагато
Einkauf - покупка

Einkaufszentrum, das - торго́вий центр

Einkommen, das - дохі́д, прибу́ток

einmal - оди́н раз

einrichten - влаштува́ти

einstecken - засу́нути / засо́вувати

eintausend, tausend - ти́сяча

einundzwanzig - два́дцять оди́н

einverstanden (Adj) - зго́ден / зго́дний; einverstanden sein - пого́джуватися

einzeln - індивідуа́льно

Eis, das - моро́зиво

elektrisch - електри́чний

elf - одина́дцять

Eltern, die - батьки́

E-Mail, die - електро́нна по́шта

empfehlen - рекомендува́ти

Empfehlung, die - рекоменда́ція

empfiehl - рекомендува́в

Ende, das - кіне́ць

Energie, die - ене́ргія

entlang - вздовж

Entlohnung, die - винагоро́да

entschied sich für - ви́брав

entwerfen, verfassen - скла́сти / склада́ти

entwickeln - розвива́ти

Entwurf, der, der Text - твір, компози́ція

er - він

er/sie/es hat - ма́є; Er hat ein Buch. - Він ма́є кни́гу.

erbeuten - захопи́ти

Erde, die; Land - земля́

erfahren - дізна́тися

Erfahrung, die - до́свід

erinnerte sich - згада́в

erklären - поя́снювати / поясни́ти; Können Sie das erklären? - Ви мо́жете поясни́ти це?

erlauben, gestatten - дозво́лити / дозволя́ти

ernst - серйо́зно

erreichen, langen; herausziehen - діста́ти / діставати

erst - споча́тку

erstarren - завме́рти

erste, der - пе́рший

es - це, воно́

es ist an die Zeit, es ist soweit - пора́, час

essen - ї́сти

Essen, das - ї́жа, харчува́ння

etwa - приблизно, бли́зько

etwas - що-не́будь, щось, де́що

Eurasien - Євра́зія

Express Bank - Експре́с Банк

Fachbuch, das - підру́чник

Fähigkeit, die - вмі́ння, на́вичка

fahren - ї́здити, ї́хати, води́ти; der Fahrer - водій; Fahrrad fahren, mit dem Fahrrad fahren - ї́хати на велосипе́ді

Fahrkarte, die - квито́к

Fahrrad, das - велосипе́д

Fahrt - поїздка

Fall, der - падіння

fallen - па́дати

fallend - па́даючий

Fallschirm, der - парашу́т

Fallschirmspringer, der - парашути́ст

Fallschirmspringerpuppe, die - опу́дало парашути́ста

falsch - непра́вильно

Familie, die - роди́на, сім'я́

Familienstand, der - сіме́йний стан

fangen - злови́ти, лови́ти

Feier, die - церемо́нія

Feld, das - по́ле, графа́

Fenster, die - ві́кна; das Fenster - вікно́

Fernseher, der - телеба́чення, телеві́зор

fertig - гото́вий

Fertigkeit(en), die - на́вичка / на́вички

Feuer, das - вого́нь

feuern - звільни́ти
fiel - упав
Film, der - фі́льм
Finanzwissenschaft, die - фіна́нси
finden - (з)нахо́дити
Firma, die - компа́нія, фі́рма
fleissige - акура́тний
fliegen - літа́ти
fließend - ві́льно
flog weg - полеті́в
Flugschau, die - авіашо́у
Flugzeug, das - літа́к
Fluss, der - те́чія
Ford - Форд
Formular, das - фо́рма, анке́та
fortführen - продо́вжити
Fortsetzung folgt - да́лі бу́де
Foto, das, das Bild - карти́н(к)а, зобра́ження
Fotograf, der - фото́граф
Fotografie, die - фотогра́фія / зні́мок
fotografieren - фотографува́ти / зніма́ти
Fragebogen, der - анке́та
fragte, gefragt - запита́ти
Frau, die - жі́нка; der Frau (Dat) - жінки́
frei - ві́льний
freisetzen - відпуска́ти
fremd - незнайо́мий
Freund, der - друг
Freundin, die - по́друга
freundlich - дру́жній, при́язний
froh - ра́дий; froh werden - (з)раді́ти
Frühstück, das - сніда́нок
frühstücken - сні́дати
fühlend - відчува́ючи
fuhr - вів, їхав; fuhr los - поїхав
Führer, der - лі́дер
Führerschein, der - воді́йські права́
füllen - наповнювати
fünf - п'ять

fünfter - п'я́тий
fünfundzwanzig - два́дцять п'ять
fünfzehn - п'ятна́дцять
für - для, на
füren, bringen j-n - (по)вести́
Fuß, der - стопа́, ступня́
füttern - годува́ти
gab - дав
Garten, der - сад
Gas, das - газ
Gast, der, der Besucher - гість, відві́дувач
Gastgeber, der - хазя́їн / госпо́дар
geantwortet, antwortete - відпові́в
Gebäude, das - буді́вля
geben - дава́ти / дава́ть
gebracht - принесення
geeignet sein für... - підійти́ для...
gefallen - подо́батися (passive form +Dative); Sie gefällt mir. - Вона́ мені́ подо́бається.
gefunden - знайшо́в
gegen, vor, bevor - пе́ред, про́ти
Geheimnis, das - секре́т
gehen, kommen - іти́ / йти / ходи́ти / направля́тися
gekleidet, angezogen - одя́гнений, вбра́ний
gelb - жо́втий
Geld, das - гро́ші
Genesung, die, Rehabilitation - відно́влення
Genscher (Name) - Ге́ншер
geöffnet, öffnete - відкри́в
gerufen, rief - кри́кнув
Geschichte, die - істо́рія
Geschlecht, das - стать, рід
geschlossen - закри́тий
Geschwindigkeit, die - шви́дкість
Gesicht, das - обли́ччя
gestern - вчо́ра/учо́ра
gestohlen - укра́дений
gesund pflegen - віднов́лювати
Gesundheit, die - здоро́в'я
getroffen, traf, kennengelernt - зустрі́в

gewöhnlich; normal - звича́йний

ging (weg) - пішо́в

Glas, das - скло́

glauben - вважа́ти

gleich - зра́зу

Gleiche, der - той же, той са́мий

gleichzeitig - одноча́сно

Glück, das - ща́стя

glücklich - щасли́вий

grau - сі́рий

grauhaarig - сивоволо́сий

groß - вели́кий

grösste Teil - бі́льша части́на

grün - зеле́ний

Grund, der - причи́на

grüssen - привіта́ти

Gummi, der - гу́ма

gut - хоро́ший, га́рний, до́бре; gut, alles klar, okay - гара́зд, до́бре

Haar, das - воло́сся

haben - ма́ти

halb - полови́на; halb neun - пів на дев'я́ту

hallo - здра́стуйте, добри́день, приві́т, здоро́в

Handarbeit, die - фізи́чна робо́та

Handschellen, die - нару́чники

Handy, das - мобі́льний

Hannover - Ганно́вер

hassen - нена́видіти

hatte, gehabt - мав

Haupt-, zentral - центра́льний

Haus, das, das Zuhause - дім, буди́нок

Hausaufgaben, die - дома́шня робо́та

Haustier, das - дома́шня твари́на

heben - підніма́ти

heimlich - по́тайки

helfen - допомогти́

Helfer, der - помічни́к

Herausgeber, der, der Redakteur - реда́ктор

Herd, der - плита́ кухо́нна

Herr - громадяни́н, пан; Hr. Iwanow - пан Іван́ов

herstellen - ство́рювати, справля́ти

heulend - завива́ючи

heute - сього́дні

Hey! - ей!

hier (Ort) - тут; hierher (Richtung) - сюди́; hier ist / sind - ось / от

Hilfe, die - допомо́га

hindurch - че́рез

hinein; in - всере́дину

hinter - зза́ду

hinunter)schlucken - проковтну́ти

hoch - висо́кий, ви́соко

Hof, der - двір, подві́р'я

hoffen - наді́ятися / сподіва́тися

Hoffnung, die - наді́я

hören - слу́хати; Ich höre Musik. - Я слу́хаю му́зику.

hörte, gehört - чув

Hose, die - брю́ки

Hotel, das - готе́ль; die Hotels - готе́лі

Hr. Sokolov - пан Соколо́в

Hrywnja (ukrainisches Geld) - гри́вня

Hund, der - соба́ка

hundert - сто

hungrig - голо́дний

Hut, der - капелю́х

ich - я; Ich werde - я бу́ду

ich frage mich - (мені́) ціка́во

ich habe - у ме́не; wir haben - у нас; du hast / ihr habt - у те́бе / у вас; Sie haben - у Вас; er / es hat - у ньо́го; sie hat - у не́ї; sie haben - у них

Idee, die - іде́я

ihm - йому́

ihn (Akkusativ), sein(e) (Possessivpronomen) - його́; sein Bett - його́ лі́жко; Ich kenne ihn. - Я зна́ю його́.; Das ist sein Buch. - Це його́ кни́га.

ihnen (Dativ) - їм

ihr (Dativ) - їй; Ich möchte ihr diese Blumen schenken. - Я хочу́ подарува́ти їй ці кві́ти.

im Verlauf, während - про́тягом

Imbiss, der - тормозо́к

immer - завжди́

in - у, в; че́рез, за; in zwei Stunden - за дві годи́ни

in der Zwischenzeit - тим ча́сом

in Panik versetzen - панікува́ти

Information, die, die Angabe - інформа́ція

informierte, teilte mit - повідо́мив

Ingenieur, der - інжене́р

Inserat, das - оголо́шення

intelligent - розу́мний, кмітли́вий, метико́ваний

interessant - ціка́вий

irgendein - яки́й-не́будь, бу́дь-яки́й

ist, befindet sich - знахо́диться / знахо́дитися; Der Laden ist nah. - Крамни́ця знахо́диться по́ряд.
sind, befinden sich - знахо́дяться; Die Läden sind nah. - Крамни́ці знахо́дяться по́ряд.

Italienische - італі́йський

Ivan (Name) - Іва́н

ja - так

Jacke, die - ку́ртка

Jahr, das - рік

jeder - бу́дь-який; jeder, jede, jedes - ко́жен

jemand (jemanden) - хто-не́будь (кого́-не́будь), хтось

jene (Pl.) - ті

jener, jene, jenes - той (M), та (F), те (N)

jetzt, zurzeit, gerade - за́раз, тепе́р, ни́ні, са́ме

Journalist, der - журналі́ст

jung - молоди́й

Junge, der - хло́пець, хло́пчик, па́рубок

Kabel, das - дріт, ка́бель

Kaffee, der - ка́ва

kalt - холо́дний

Kälte, die - хо́лод

kam, gekommen - прийшо́в

Känguru, das - кенгуру́

Kapitän, der - капіта́н

Karte, die - ка́рта

Kasper (Name) - Ка́спер

Kasse, die - ка́са

Kassierer, der - каси́р

Kätzchen, das - котеня́

Katze, die - кі́шка, ки́цька

kaufen - купува́ть / купува́ти

kennen, wissen - зна́ти

kennengelernt über… - дізна́вся про…

kennenlernen - знайо́митися; Ich bin froh Sie kennenzulernen. - Ра́дий(а) з Ва́ми познайо́митися.

Kessel, der - ча́йник

Kilometer, der - кіломе́тр

Kind, das - дити́на

Kinder, die - ді́ти

Kindergarten, der - дитсадо́к

Kiste, die - я́щик

Klasse, die - клас

Klassenzimmer, das - кла́сна кімна́та

Kleidung - о́дяг, су́кня

klein - мале́нький

klingeln - дзвони́ти; Klingeln, das - дзвіно́к

klingelte - дзвони́в

Knopf, der - кно́пка

Kochen, das - приготува́ння ї́жі

Kollege, der - коле́га

Kolobokov (Name) - Колобо́ков

kommen in - приє́днуватися

können - могти́, умі́ти; Ich kann lesen. - Я умі́ю / мо́жу чита́ти.

könnte - міг

Kontrolle, die - контро́ль

kontrollieren - перевіря́ти

Koordination, die - координа́ція

Kopfarbeit - розумо́ва рабо́та

korrigieren - виправля́ти

kosten - ко́штувати

kreativ - тво́рчий

Krieg, der - війна́

kriminell - криміна́льний

Kristall, das - криста́л

Kristian (Name) - Крі́стіан; Kristians - Крі́стіана

Krug, der - ба́нка

Küche, die - ку́хня

Kunde, der - кліє́нт

Kunst, die - мисте́цтво

Künstler, der - худо́жник

Kurs, der - курс

kurz - коро́ткий

küssen - цілува́ти

Küste, die - бе́рег / бе́рег мо́ря

Kuzma (Name) - Кузьма́

lächeln - посміха́тися; Lächeln, das - по́смішка

lächelte, gelächelt - посміхну́вся

lachen - смія́тися

Laden, der - крамни́ця; die Läden - крамни́ці

Land, das - краї́на; сільська́ місце́вість

landen - приземля́тися

lang - до́вгий

langsam - пові́льно

Laser, der - ла́зер

lass uns - дава́й, дава́йте (Pl)

lassen - пуска́ти, дозво́лити

Lastwagen, der - вантажі́вка

laut - вго́лос

leben, wohnen - жить / жи́ти

Leben, das - життя́

lebte - жив

lecker - смачни́й

ledig - само́тній

leer - пусти́й, поро́жній / порожня́

legen - (по)кла́сти, поміща́ти

Lehrer, der - учи́тель / вчи́тель

leicht - злегка́

leid tun - жаль, шко́да (+Dative); жалкува́ти; Es tut mir leid. - Я жалку́ю. Es tut mir leid. - Мені́ шко́да.

leise - мовчазни́й, ти́хо

Leiter, der / die Leiterin - керівни́к / керівни́ця

lenken - керува́ти

lernen - (на)учи́тися / (на)вчитися; учи́ти / вивча́ти; навча́ння

lesen - чита́ти / чита́ть

Lesen, das - чита́ння

lesende - чита́ючий

Liebe, die - любо́в / коха́ння

lieben - коха́ти

lieber, liebe; teuer - дороги́й

Lieblings - улю́блений

liebte, geliebt - люби́в

lief weg - втік / утік

liegen - кла́сти, лежа́ти

links - влі́во / налі́во / лівору́ч

Liste, die - спи́сок

Löwe, der - лев

Luba (Name) - Лю́ба

Luft, die - пові́тря

lustig - вті́шний, куме́дний

machen - роби́ти

machte - роби́в; machte an - увімкну́в; machte an (den Motor) - заві́в; machte fertig - закі́нчив / заверши́в

Madame, die - мада́м

Mädchen, das - ді́вчинка, дівчина

Mama, die Mutter - ма́ма

manchmal, ab und zu - і́нколи, і́ноді, де́коли

Mann, der - чолові́к

Männer, die - чоловіки́

männlich - чолові́чий

Mannschaft, die - кома́нда

Matratze, die - матра́с

medizinisch - меди́чний

Meer, das - мо́ре

mehr - бі́льш, бі́льше

mein, meine, mein, meine - мíй (M), моя́ (F), моє́ (N), моí (Pl)

meist - са́мий (най-)

Mensch, der - люди́на

Menschen, die - люди

menschlich - лю́дський

Metall, das - мета́л, метале́вий

Meter, der - метр

Methode, die - ме́тод

mich / mir - мене́ / мені́

Miezekatze, die - кí́шечка

Mikhail - Михаíл (Миха́йло)

Mikola (Name) - Микóла

Mikrofon, das - мікрофóн

Minute, die - хвили́на

mit, seit - з

Mitglied, das, der Teilnehmer - уча́сник

Möbel, die - ме́блі

mögen, lieben - люби́ти

möglich - можли́вий

Möglichkeit, die - можли́вість

Moment, der - момéнт

Monat, der - мíсяць

monoton - монотóнний

Montag - понедíлок

Mörder, der - вби́вця

morgen - за́втра

Morgen, der - ра́нок

Motor, der - двигýн

müde - втóмлений

Musik, die - мýзика

müssen - пови́нен, мýшу; Ich muss gehen. - Я пови́нен іти́.

Muti, der (Dat) - ма́мин

Mutter, die - ма́ти / ма́тір

Muttersprache, die - рíдна мóва

nach - пíсля

nach außen - на вýлицю

nach draussen - назóвні

nach unten - вниз

Nachbar, der - сусíд

nächste, der - сусíдній

Nacht, die - ніч

nahe - бли́зько, пóряд

näher - бли́жче

nahm - взяв / узяв

Name, der - íм'я; der Name (für Sachen) - на́зва

Nase, die - ніс

nass - мóкрий

Nationalität, die - націона́льність

Natur, die - прирóда

natürlich - звича́йно, авжéж, зрозумíло

nechste, der, in der Nähe, nächste - найбли́жчий

nehmen - бра́ти / брать, взя́ти / взять

nein - ні; нія́кий, жóдний / жóден

nennen - назива́ти

neu - нови́й

neun - дéв'ять

neunter - дев'я́тий

nicht - не; nicht dürfen - не мóжна (+ Dative); Er darf nicht arbeiten. - Йомý не мóжна працюва́ти.

nichts - нічогó / нíщо

nie - нікóли

niemand - ніхтó

noch - ще; noch einen - ще оди́н; noch, weiterhin - всé ще

normalerweise - зазвича́й / звича́йно

Norwegen - Норвéгія

Notiz, die - запи́ска

Notizbuch, das - записни́к, нота́тник; die Notizbücher - записники́, нота́тники

Nummer, die - нóмер

nur - тíльки, лишé

ob - чи; Ob er helfen kann? - Чи мóже він допомогти́?

ob, wenn, falls - якщó

obwohl - хоча́

oder - абó

Odessa - Одéса

offenherzig - щúро

öffnen - відкривáти, відчиня́ти

oft - чáсто

Oh! - O!

ohne - без

Ohr, das - вýхо

Öl, das - нáфта

olympisch - олімпíйський

Papa - татýсь

Papier, das - папíр

Park, der - парк; die Parks - пáрки

Pascha (Name) - Пáша; Paschas - Пáші;
    Paschas Buch - кни́га Пáші

passend - підходя́щий

passieren - відбувáтися; passiert -
    відбулóся, стáлося

Patroiulle, die, die Streife - патрýль

Pause, die - перéрва

Person, die - осóба

Personalabteilung, die - вíдділ кáдрів

persönlich - особúстий

Piepton, der - сигнáл

Pilot, der - пілóт

Plan des Mannes, der - кáрта люди́ни

Plan, der - план

planen - плануváти

Planet, der - планéта

Platz, der - мíсце, плóща

plötzlich - несподíвано, зненáцька,
    рáптом

Polizei, die - полíція

Polizeihauptmeister, der - сержáнт

Polizist, der - офіцéр, поліцéйський

Position, die - посáда

Preis, der - цінá

pro - за; pro Stunde - за годи́ну; Ich
    verdiene 50 Hrywnja pro Stunde. - Я
    заробля́ю 50 гри́вень за годи́ну.

Problem, das - проблéма

Programm, das - прогрáма

Programmierer, der - програмíст

prüfen - тестуváти

Prüfung, die - тест

Publikum, das - глядачí

Puppe, die - ля́лька

putzen - чи́стити

putzend - очищáючи

Quittung, die - квитáнція

Räber, der - грабíжник

Rad, das - кóлесо

Radar, der - радáр

Radio, das - рáдіо

Raser, der - порýшник

raste - (про)нíсся

Rätsel, das - зáгадка

Ratte, die - пацюк

Raumschiff, das - космíчний корабéль

Recht, das - прáво

rechts - впрáво / напрáво / праворуч

Rede, die - промóва

Regel, die - прáвило

Regen, der - дощ

reiben (sich) - тéрти(-ся)

reisen - розʼїжджáти

rennen, joggen, laufen - бíгти

Reporter, der - репортéр

retten - рятуváти

Rettungsdienst, der - рятувáльна слýжба

Rettungstrick, der - трюк із рятувáння
    життя́

richtete - напрáвив на

richtig - прáвильно

richtig(er) - прáвильний

rief an - подзвони́в

Robert (Name) - Рóберт; Roberts - Рóберта

rot - червóний

Rubrik, die - рýбрика

rund, umher - навкóло

Saatgut, das - насíння

sagen - сказáти

sagte - сказáв

sah, schaute, geschaut - бáчив, подиви́вся

Samstag - субо́та

Sand, der - пісо́к

Sandwich, das - се́ндвіч

Sänger, der - співа́к (M), співа́чка (F)

Satz, der - фра́за

sauber - чи́стий

säuberte - почи́стив

schaffen - зуми́ти

schauen, betrachten, zuschauen - дивити́ся

Schaufenster, das - вітри́на

schaukelnd - хита́ючись

schickte - посла́в

Schiff, das - корабе́ль

Schiorsa Strasse - ву́лиця Що́рса

schlafen - сон, спа́ти

schlagen - би́ти, вда́рити / уда́рити

Schlange, die - че́рга

schlank - струнки́й

schlau, klug - хи́тро, розу́мно; schlau, schlauer - хи́трий

schlecht - пога́ний

schließen - закрива́ти, зачиня́ти

schließlich - наре́шті

schloss - закри́в

Schlüssel, der - ключ

schnell - шви́дко

schnelle - спри́тний, жва́вий

schnelle(r) - швидки́й

schon - вже, уже́

schön, wunderschön - га́рний, прекра́сний

schoss; angeschossen - ви́стрелив, підстре́лив

Schreibarbeit - письме́нницька пра́ця (робо́та)

schreiben - (на)писа́ти

Schreibtisch, der - письмо́вий стіл

schreien, rufen - крича́ти

schrieb - писа́в

Schriftsteller, der - письме́нник

Schritt, der - крок

Schule für Austauschschüler (SAS) - ФЛЕ́КС

Schule, die - шко́ла

schütten, gießen - си́пати, насипа́ти

Schwanz, der - хвіст

schwarz - чо́рний

schweigen - мовча́ти

schweigend - мо́вчки

schwer - важки́й

Schwester, die - сестра́

schwimmen, treiben - пла́вати / пливти́

schwimmender, treibender - пливу́чий

sechs - шість

sechster - шо́стий

sechzig - шістдеся́т

See, der - о́зеро

sehen - ба́чити

sehr - ду́же

Sekretärin, die - секрета́р

selten - рі́дко

Sergey - Сергі́й

Serie, die - серіа́л

sich abwenden - відверну́тися

sich anhaken, hängenbleiben - зачепи́ти(ся)

sich bewerben - подава́ти зая́ву

sich entschuldigen - вибача́ти; Entschuldigen Sie (mich). - Ви́бачте (мене́).

sich hinsetzen, sich setzen - сіда́ти

sich kümmern um - піклува́тися

sich schämen - соро́митися; er schämt sich - йому́ со́ромно

sich Sorgen machen - хвилюва́тися

sich unterhalten - розмовля́ти

ʹsich verstecken - хова́ти(-ся)

sicher - впе́внений

Sicherheitsgurt, der - ре́мені безпе́ки

Sie - Ви

sie - вона́; sie (Akkusativ), ihr(e) (Possessivpronomen) - її́, їх; Ich kenne sie - Я зна́ю її́. Я зна́ю їх.; Das ist ihr Buch. -

Це її кни́га. Das sind ihre Bücher. -
   Це ї́хні кни́ги.
sie (Pl) - вони́
sieben - сім
siebter - сьо́мий
siebzehn - сімна́дцять
singen - співа́ти
sinken, eintauchen - зану́рюватися
Sirene, die - сире́на
Situation, die - ситуа́ція
Sitz, der - сиді́ння
sitzen - сиді́ти
so oft wie möglich - як мо́жна части́ше
   / якнайчасті́ше
sofort - нега́йно
Sohn, der - син
Sonntag - неді́ля
sorgfältig - рете́льний
Spaniel, der - спаніє́ль
Spanien - Іспа́нія
spanische - іспа́нський
Spaß, der - задово́лення
Spaziergang - прогу́лянка
Spiel, das - гра́
spielen - гра́ти / гра́ть
Spielzeug, das - і́грашка
Sport, der - спо́рт
Sportfahrrad, das - спорти́вний
   велосипе́д
Sportgeschäft, das - спорти́вна
   крамни́ця
Sprache, die - мо́ва
sprechen - говори́ти, каза́ти
springen - стриба́ти
Sprung, der - стрибо́к
Stadt, die - мі́сто
Stadtzentrum, das - центр мі́ста
Stand, der - стан
Standard, der, Standard- -
   станда́ртний
stark - си́льно
starke - си́льний

Stärke, die - си́ла
starker - міцни́й
station - ста́нція
Stechmücke, die - кома́р
Steh auf! - Встава́й!
stehen - стоя́ти
stehlen - кра́сти / цу́пити
Stein, der - ка́мінь
sterben - вмира́ти; starb - вмер
Stern, der - зі́рка
Sternchen, das - зі́рочка
Stift, der - авторру́чка; die Stifte - авторру́чки
Stimme, die - го́лос
stinkend - смердю́чий
stoßen, ziehen - штовха́ти
Straße, die - ву́лиця, доро́га; die Straßen -
   ву́лиці
strenge - стро́гий
Strom, der - струм
Student, der - студе́нт; die Studenten -
   студе́нти
Studentenwohnheim, das - гурто́житок
studieren, lernen - учи́ти(-ся), навча́тися
Stuhl, der - стіле́ць
Stunde, die - годи́на
stündlich - щогоди́ни
suchen - шука́ти
super, toll - чудо́во
Supermarkt, der - супермáркет
Sveta (Name) - Све́та
Tablette, die - табле́тка, пігу́лка
Tag, der - де́нь
täglich, jeden Tag - щоде́нно / щодня́
Tanker, der - та́нкер
tanzen - танцюва́ти; tanzte - танцюва́в;
   tanzend - танцю́ючи
Tasche, die - кише́ня, су́мка
Tasse, die - ча́шка
Tastatur, die - клавіату́ра
Taxi, das - таксі́
Taxifahrer, der - водíй таксí
Tee, der - чай

Teemaschine - чаєва́рка
Teil, der - части́на
teilnehmen - взя́ти уча́сть
Teilzeitarbeit, die - часткóва
за́йнятість
Telefon, das - телефóн
Telefonhörer, der - телефóнна тру́бка,
слу́хавка
telefonieren - телефонува́ти
Teller, der - тарíлка
Teppich, der - ки́лим
Text, der - текст
Tier, das - твари́на
Tierarzt, der - ветерина́р
Tiger, der - тигр
Tisch, der - стіл; die Tische - столи́
Tochter, die - дóнька
tödlich - смерте́льний
Toilette, die - туале́т
toll - здóрово
tötete, getötet *(part.)* - вби́в
trainieren - тренува́ти
trainiert - тренува́льний
Transport, der - тра́нспорт
transportieren - везти́
trat - натисну́в ногóю
Traum, der - мрíя
träumen - мрíяти
traurig - сумни́й
treffen, kennenlernen - зустріча́ти(ся)
Treppe, die - схóди / схíдці
Tresor, der - сейф
treten - наступа́ти
tretend - натиска́ючи ногóю
Trick, der - трюк
trinken - пи́ти
trocken - сухи́й
trocknen - суши́ти
tschüss - бува́й / до побáчення
Tür, die - двéрі
über - над
übergreifen - розповсю́джувати

überraschen - дивува́ти
überrascht, verwundert - здивóваний
Überraschung - несподíванка, здивува́ння
Übersetzer, der - переклада́ч
übrigens - до рéчі
Uhr - годи́на, годи́нник; Es ist zwei Uhr. -
Дві годи́ни.
Ukraine, die - Украї́на
Ukrainer / Ukrainerin - украї́нець (M),
украї́нка (F)
ukrainisch - украї́нський (Adj)
ukrainische Sprache - украї́нська мóва
um - о; um eins - о пéршій годи́ні
um... zu... - щоб
und - і, й, та / а
Unfall, der - ава́рія
ungerecht - несправедли́вий
Universität, die - університе́т
uns (Dat.) / uns (Ak.) - нам / нас
unser - наш
unter - під
Unterrichtsstunde, die, die Aufgabe - урóк
unterstreichen - підкрéслити
USA, die - США
usw. - і так да́лі
Vater, der - та́то
Vatersname, der, der zweite Name - по
ба́ткові
Vatis (Dat) - та́товий / та́тів
Verbrecher, der - злочи́нець
verdammt - прокля́ття
verdienen - заробля́ти
Verein, der - клуб
Vereinbarung, die - угóда, дóговір
Verfolgung, die - погóня
vergessen - забу́ти
verheitatet (ein Mann) - одру́жений;
verheitatet (eine Frau) - замі́жня
verkaufen - продава́ти
Verkäufer, der / die Verkäuferin -
продавéць / продавщи́ця
Verlader, der - ванта́жник

Verlag, der - видавни́цтво

verlassen - зали́шити/ покида́ти / йти

verlieren - втрача́ти, губи́ти

verschieden - рі́зний

verschmutzen - забру́днювати

verstanden, verstand - зрозумі́в

Versteckspiel, das - хо́ванки

versteckte - захова́вся

verstehen - розумі́ти

versuchen - намага́тися, про́бувати

versuchte - намага́вся

verwirrt - зніякові́лий, розгу́блений

Videokassette, die - відеокасе́та

Videothek, die - відеомагази́н (відеокрамни́ця)

viel, viele - бага́то

vielseitig, alles könnend - все підря́д

vier - чоти́ри

vierter - четве́ртий

vierundvierzig - со́рок чоти́ри

Vogel, der - птах

voll - по́вний

Vollzeitarbeit - по́вна за́йнятість

von, aus - з, із, від

vor - (тому́) наза́д; vor einem Jahr - рік (тому́) наза́д

vor allem - особли́во

vorbei - повз, ми́мо

vorbereiten (sich) - приготува́ти(ся)

vorgeben; so tun, als ob - прики́нутися / прикида́тися / придури́тися

vorher - рані́ше

vorige, letzte - мину́лий

vorn - пере́дній

vorsichtig - ува́жно, акура́тно

wackelte - тря́с(-ся)

Waffe, die - збро́я

wählen (am Telefon) - набра́ти / набира́ти

wählen, aussuchen - вибира́ти

während - в той час, як / до́ки / по́ки

wahrscheinlich, können - можли́во; Ich kann zur Bank gehen. - Я, можли́во, піду́ в банк.

Wal, der - кит; der Schwertwal - кит-вби́вця

war - був, була́, було́

waren - були́

warm - те́плий

warten - чека́ти

wartete - чека́в

warum - чому́

was - що; Was ist das? - Що це?

was ist mit...? - як що́до...?

waschen - ми́ти

waschen - (по)ми́ти, умива́тися

Waschmaschine, die - пра́льна маши́на

Wasser, das - вода́

Wasserhahn, der - кран

Website, die - сторі́нка Інтерне́ту

weg - геть

weg sein - пропа́в

Weg, der - шлях

wegen - вна́слідок, че́рез

wegnehmen - прибра́ти / прибира́ти

weiblich - жіно́чий

weil, denn, da - оскі́льки / тому́ що

weinen - пла́кати

weiß - бі́лий

weit - дале́ко; weiter - да́лі

weit - широ́кий / ши́роко

welcher/welche/welches - яки́й; Welcher Tisch? - Яки́й стіл?

Welle, die - хви́ля

Welpe, der - цуценя́

Welt, die - світ

Weltall, das - ко́смос

wenig - ма́ло, тро́хи

weniger - ме́нше, ме́нш

wenigstens - мі́німум

wenn - коли́

wer - хто, котри́й

Werbung, die - рекла́ма
werden; stellen - става́ти
wessen - чий
Wettbewerb, der - ко́нкурс
Wetter, das - пого́да
wichtig - ва́жливий
wie - як; Wie ich. - Як я.
Wie geht es? - Як спра́ви? Як ся ма́єш?
wieder - зно́ву
wieviel - скі́льки
Wind, der - ві́тер
wir - ми
wird - бу́де; werden - бу́дуть; werde - бу́ду
wirklich - ді́йсно, спра́вді
wirkliche - спра́вжній
wo - де
Woche, die - ти́ждень
wohnhaft - що ме́шкає, котри́й ме́шкає
wollen - хоті́ти
wollte - хоті́в
Wörter, die, die Vokabeln - слова́; das Wort, die Vokabel - сло́во
wunderbar - дивови́жний, чудо́вий
wusste - знав
wütend - серди́тий / серди́то
zahlen - (за)плати́ти
Zebra, das - зе́бра
zehn - де́сять
zehnter - деся́тий
zeigen - пока́зувати
zeigte - показа́в
Zeit, die - час; die Zeit läuft - час іде́; Zeit nehmen - займа́ти час; Es nimmt fünf Minuten. - Це займа́є п'ять хвили́н. Zeit verbringen - прово́дити час; Zeit zuteilen / finden - приділя́ти час
Zeitschrift, die - журна́л
Zeitung, die - газе́та
Zentrum, das - центр
zerbrechen - розби́ти
zerstören - зни́щити, руйнува́ти
ziehen - тягну́ти
ziemlich - до́сить (таки́)
Zimmer, das - кімна́та; die Zimmer - кімна́ти
zittern - труси́ти(ся)
Zoo, der - зоопа́рк
zu - в, до, на; Ich gehe zur Bank. - Я іду́ в банк.
zu - на́дто, зана́дто
zu Fuß - пішки
zu teuer - зана́дто дороги́й
zu Zeiten - під час
Zug, der - по́їзд
zukünftig - майбу́тній
zurück - наза́д
zurückkommen - поверта́тися
zusammen - ра́зом
zwanzig - два́дцять
zwei - два
zweihundert - дві́сті
zweimal - дві́чі
zweitausendeinhundertzwanzig - дві ти́сячі сто два́дцять
zweiter - дру́гий
zwingen - приму́сити / приму́шувати
zwischen - між